为中国力量点赞

任初轩 编

人民日报出版社

北京

图书在版编目（CIP）数据

为中国力量点赞 / 任初轩编 . —北京：人民日报
出版社，2024.2

ISBN 978-7-5115-8222-5

Ⅰ . ①为… Ⅱ . ①任… Ⅲ . ①人物－先进事迹－中国
－现代 Ⅳ . ① K820.7

中国国家版本馆 CIP 数据核字（2024）第 039755 号

书　　名：为中国力量点赞
WEI ZHONGGUOLILIANG DIANZAN

作　　者：任初轩

出 版 人：刘华新
策 划 人：欧阳辉
责任编辑：周海燕　刘君羽
封面设计：元泰书装

出版发行：人民日报出版社
社　　址：北京金台西路 2 号
邮政编码：100733
发行热线：（010）65369509　65369527　65369846　65363528
邮购热线：（010）65369530　65363527
编辑热线：（010）65369518
网　　址：www.peopledailypress.com
经　　销：新华书店
印　　刷：大厂回族自治县彩虹印刷有限公司
法律顾问：北京科宇律师事务所 （010）83622312

开　　本：710mm×1000mm　1/16
字　　数：205 千字
印　　张：17.5
版　　次：2024 年 3 月第 1 版
印　　次：2024 年 3 月第 1 次印刷

书　　号：978-7-5115-8222-5
定　　价：48.00 元

目　录

一、筑梦九天　矢志探索

这是一个千锤百炼的英雄群体：在中华民族的奋进史册里，飞天勇士叩问苍穹无疑是最精彩的篇页之一。今天，他们正书写着新时代的新华章。

他们，就是英雄的中国航天员群体。

二、科教兴国　勇攀高峰

他们以科技报国的远大抱负，发动科技创新的强大引擎，让"科技之花"在希望的田野上更加绚烂。广大科技工作者必将在祖国大地上书写下精彩人生，也必将为高水平科技自立自强贡献更大力量。

三、红心向党　谱写忠诚

岁月长河中，功勋荣誉部队官兵敢于斗争、敢于胜利，打出了战史上的赫赫威名；走进新时代，他们的面面战旗依然猎猎飘扬、凝聚力量，激发着子弟兵的昂扬斗志。

四、扎根乡村　倾心奉献

他们坚守初心不动摇，坚定目标不松劲，坚持标准不懈怠，自觉把使命扛在肩上，精准发力，埋头苦干，舍小家为大家无私奉献，为全面推进乡村振兴作出了不可磨灭的贡献，留下了难以忘怀的光辉印迹。

五、赓续文脉　启迪当代

他们是中华文化的讲述者、传播者和传承者。他们为考古事业躬身田野、接续奋斗，为学术研究甘坐"冷板凳"，以优秀的作品鼓舞人，用真实的故事激励人，致力于讲好中国故事，赓续中华文脉。

六、仁心守护 使命担当

　　他们播种信念、守护生命、奉献力量，用担当和勇气诠释对祖国的忠诚和信仰。正是有这些"逆行者""守护者"，人民生活才更加岁月静好、平安祥和。

一、筑梦九天　矢志探索

　　这是一个千锤百炼的英雄群体：在中华民族的奋进史册里，飞天勇士叩问苍穹无疑是最精彩的篇页之一。今天，他们正书写着新时代的新华章。

　　他们，就是英雄的中国航天员群体。

叩问苍穹　探索不停

——写在第八个"中国航天日"到来之际

习近平总书记指出，探索浩瀚宇宙，发展航天事业，建设航天强国，是我们不懈追求的航天梦。

给航天工作者回信、致电，同正在太空执行任务的航天员"天地通话"……习近平总书记始终高度关注我国航天事业发展。

全年实施宇航发射任务 64 次，再创历史新高；中国空间站全面建成，梦圆"天宫"；首次在月球上发现新矿物"嫦娥石"，中国再添"太空印记"……过去一年，中国航天以高质量创新引领高质量发展，中国人探索太空的脚步正迈得更稳更远。

在 2023 年 4 月 24 日第八个"中国航天日"到来之际，中国航天以勃发之气，巡天探宇叩问苍穹，向着建设航天强国的目标勇毅前行。

成就不凡：
中国航天奋楫再扬帆

"这么美的地方，我还会再来，我必须再来。"2005 年，随神舟六号载人飞船在太空俯视地球的航天员费俊龙，面对苍穹许下了心愿。

多年后，在距离地面 400 多公里的轨道上，中国人自己的"太空之家"——中国空间站已全面建成，正式开启长期有人驻留模式。

2023年4月15日，航天员费俊龙、张陆在地面工作人员和舱内航天员邓清明的密切配合下，完成了神舟十五号航天员乘组第四次出舱活动，刷新中国航天员单个乘组出舱活动纪录。

航天员在空间站忙碌的同时，地面上的南海之滨，工作人员为长征七号遥七运载火箭安全运抵文昌航天发射场"保驾护航"。它的"乘客"天舟六号货运飞船正等待与其携手遨游星汉，续写中国空间站的传奇。

由蔚蓝星球飞向浩瀚星空，中国航天奋楫再扬帆。

2020年12月17日，嫦娥五号携带1731克月球样品返回地球，对于样品的研究随即紧锣密鼓地展开。

经国家航天局批准，自2021年7月12日发放首批月球科研样品以来，已经向98个科研团队发放五批样品，共计发放198份65.1克，已有60多项成果在国内外重要学术期刊发表。

"月壤每一颗都非常珍贵，研究团队是一颗一颗挑选着、计算着使用。"中核集团核工业北京地质研究院第一批月球样品责任人黄志新研究员说。

正是在14万个月球样品颗粒中，我国科学家分离出一颗方圆约10微米大小的单晶颗粒，并成功解译其晶体结构。

首次发现的月球上的新矿物被命名为"嫦娥石"。我国也成为世界上第三个发现月球上新矿物的国家。

此外，通过对样品中的辉石、橄榄石和斜长石矿物开展研究，科学家分析了不同矿物中水的成因、含量与赋存状态。

中国科学家发现嫦娥五号着陆区矿物表层中存在大量的太阳风成

因水，证实了月表矿物是水的重要"储库"，为月表中纬度地区水的分布提供了重要参考。

水是生命之源。"嫦娥"在月球发现了水的踪影，"祝融"也在火星"找水"。

在法国巴黎举行的第七十三届国际宇航大会上，我国科学家介绍，在地质年代较年轻的祝融号着陆区发现了水的活动迹象，表明火星该区域可能含有大量以含水矿物形式存在的可利用水。

以天为盘，以星做子。自古以来，中国人就有飞天的梦想。从一个个航天器的命名中，人们读懂了千年问天的中国式浪漫——

"神舟"往返、"天宫"建成、"嫦娥"探月、"天问"探火……一系列耳熟能详的名字，既展现了中华文明的源远流长和深邃的人文关怀，又彰显着当代中国人探索、进取、求真的科学精神和更加坚定的文化自信。

新征程上，中国航天事业的发展已步入快车道，探索宇宙的脚步更加铿锵。

顶天立地：
航天科技成果加速转化为高质量发展注入新动能

4月的酒泉卫星发射中心，戈壁滩上腾"风云"。

不久前，我国首颗低倾角轨道降水测量卫星——风云三号G星，搭乘长征四号乙运载火箭在酒泉卫星发射中心直冲霄汉，全球降水测量卫星家族首添"中国造"。

太空中，颗颗中国明"星"熠熠生辉——不论何方，"北斗"帮你导航；足不出户，"风云"为你预知天象；地处偏远，通信卫星助你联通世界。

不仅"顶天"，更要"立地"。航天技术正走进千家万户，赋能千行百业。

据统计，我国在轨运行工作航天器数量超过600颗，有2000多项航天技术成果服务国计民生，在国土、测绘、环保、应急救援等重要领域发挥关键作用。

"当前，我国遥感卫星应用迈入了一个新阶段，农业、自然资源、生态环境、水利、林草等重点行业已经实现由示范应用转入主体业务服务，遥感卫星已成为推进国家治理体系和治理能力现代化不可或缺的手段。"国家航天局对地观测与数据中心主任赵坚说。

航天领域先进成果如何推动地方高质量发展？在2023年"中国航天日"的主场活动举办地安徽省合肥市能够找到答案。

安徽省政府办公厅副主任张亚伟介绍，世界首颗量子科学实验卫星"墨子号"、国内首颗商业SAR卫星"海丝一号"、"天仙星座"首发星"巢湖一号"等多颗卫星，推动安徽省空天信息产业从无到有、从小到大。

如今，安徽省已形成以合肥、芜湖为带动，以航天宏图、中科星图为牵引，集聚110多家上下游企业、研发机构的产业集群，彰显出厚积薄发、动能强劲的发展态势。

在这个万物勃发的春天，创新的种子一经播撒，就会迅速生根、发芽。

不久前，2023年先进技术成果交易大会在江苏苏州举行，先进技术成果长三角转化中心落户一年多以来，实现132个项目落地，为高质量发展注入新动能。

"我们探索有效市场和有为政府相结合的成果转化路径，期望为全国开展成果转化起到一定的借鉴作用。"国家航天局局长张克俭说，期待各方进一步并肩携手，汇聚先进技术，培养专业队伍，尊重市场规律，用好资本力量，持续挖掘释放先进技术成果潜能，为加快实现高水平科技自立自强作出新的更大贡献。

以梦为马：
加快建设航天强国

"与天和核心舱不同，问天实验舱里的睡眠方向是纵向的。""天宫课堂"上，航天员刘洋在空间站里一边"飞着"，一边给孩子们讲课。

另一边，在地面的教室里，师生们发出阵阵惊叹。身临其境的科普体验，让梦想不再遥远。

飞天梦永不失重，科学梦张力无限。今年春节期间，电影《流浪地球2》火热上映，片中许多的科幻场景令人叹为观止。

航天重大工程的进展为繁荣航天文化艺术创作厚植了良好的土壤和环境。只有点亮航天梦想，做好科学普及，才能不断汇聚建设航天强国的磅礴之力。

"夜空中最亮的星，能否听清……"4月21日，在位于北京西郊的中国航天科工集团二院，伴随着北京玉泉小学儿童合唱团同学们悦耳的歌声，院士代表、大国工匠、青年航天人、中小学师生汇聚一堂，共庆即将到来的第八个"中国航天日"，并发布最新编写的《追梦空天》《砺剑空天》系列图书。

近年来，航天题材文化艺术影视作品不断涌现，航天文旅产业发展壮大，一大批航天科普图书、航天科普课程等深受喜爱。今年航天日期间，系列科普活动看点更足。

"我们将举办航天开放日、科普讲堂、知识竞赛、有关交流与研讨等一系列活动。"国家航天局系统工程司副司长吕波说，相关航天展馆、航天设施将集中向社会公众和大中小学生开放，一批院士专家走进校园，为青少年进行科普宣讲。

穷理以致其知，反躬以践其实。一代代航天人踔厉奋发，一批批报国者以梦为马。

中国自古就有"天人合一"的哲学思想，重点在于人类和宇宙、大自然应是紧密联系、和谐统一的。

现代航天学和火箭理论的奠基人齐奥尔科夫斯基也曾说："地球是人类的摇篮，但人类不能永远生活在摇篮里。"

展望未来，人类终有一天会走出地月系迈入行星际。而中国必将秉持和平与合作的"和合"理念，凝心聚力启新程。

张克俭表示，我国将继续实施月球探测工程，发射"嫦娥六号"探测器、完成月球极区采样返回，发射"嫦娥七号"探测器、完成月球极区高精度着陆和阴影坑飞跃探测，完成"嫦娥八号"任务关键技术攻关，与相关国际组织和国际合作伙伴共同开展国际月球科研站建设。

探索浩瀚宇宙，中国的目光不仅局限于月球——

实施行星探测工程，发射小行星探测器、完成近地小行星采样和主带彗星探测，完成火星采样返回、木星系探测等关键技术攻关，论证太阳系边际探测等实施方案……一项项面向前沿的重大航天任务工程正有条不紊向前推进。

"仰观宇宙之大，俯察品类之盛。"中华民族千百年来的飞天梦想正在航天人的接续奋斗中一点点实现，其积淀而成的航天精神，犹如璀璨星辰，必将激励无数来者叩问苍穹、探索不停。

（李亚彪、胡喆、宋晨、徐海涛、吴慧珺

《人民日报》2023 年 4 月 24 日第 4 版）

神舟十四号乘组讲述 183 天在轨飞行经历——

"星空与我相伴，祖国和我守望"

日前，中共中央、国务院、中央军委发布《关于给陈冬、刘洋颁发"二级航天功勋奖章" 授予蔡旭哲"英雄航天员"荣誉称号并颁发"三级航天功勋奖章"的决定》。

在长达 183 天的中国人第九次太空之旅中，神舟十四号乘组有哪些难忘的记忆？太空家园升级扩建背后，还有哪些值得铭记的动人时刻？神舟十四号航天员陈冬、刘洋、蔡旭哲分享了太空生活的点点滴滴。

璀璨星河中，航天器实现在轨交会对接
专注地盯着问天实验舱从一个小点，越来越近，变成庞然大物，刘洋心里突然生出一股冲动：真想张开双臂拥抱它

陈冬认真地戴好口罩、头灯和护目镜，手持空气质量监测仪，打开平衡阀，节点舱前向舱门缓缓打开。他探头进去检查四周情况，安装舱门保护罩，确认一切安全后，摘下口罩和护目镜。这时，他闻到了从"问天"飘过来的特殊味道。航天员称之为"太空的味道"。

紧接着，陈冬取出一把形似金属扳手的"新居"钥匙，慢慢转动钥匙，打开了第二道舱门——问天实验舱对接舱门。随后顺利打开通往新居的最后一道门。映入他眼帘的是整洁敞亮的问天实验舱内部空间，许多白色的包裹整齐有序地堆放着，两侧机柜林立。

回忆起这些细节，陈冬觉得每个场景都历历在目。时间轴拉回去年，他们在太空亲历空间站三舱组合体完成"T"字基本构型组建，就像充满好奇的孩子即将拼好最后几块积木，格外兴奋、万分期待。

2022年7月24日14时22分，当长五B运载火箭托载"问天"拔地而起时，在距离地面约400公里的中国空间站内，收看直播的神舟十四号乘组3名航天员内心十分激动……当"问天"飞向"天和"，三人轮流值守，其他两人就趴在舷窗边，侧着脑袋，专注地盯着问天实验舱从一个小点，越来越近，变成庞然大物，刘洋心里突然生出一股冲动：真想张开双臂拥抱它。约7个小时后，"咣"的一声，两个20吨级的航天器在璀璨星河中轻轻一"吻"，完成在轨自动交会对接。

打开"问天"舱门后，3名航天员迫不及待地进舱。正式入驻后，他们站成一排，向祖国和人民敬礼宣誓。"这是我们在太空拥有的第二个工作舱和生活舱，中国空间站建设又向前迈进了一大步，我们感到无比自豪和幸福！"陈冬说。

问天实验舱是核心舱的备份，有全套的再生生保系统。因为设备多，需要有人监测舱内的情况。为了照看"新居"，蔡旭哲特意把他的睡眠区转移到了"问天"。不同的是，"问天"睡眠区的床铺是立着的，天和核心舱睡眠区的床则是平放着的。

3个月后，他们用同样的心情迎接了"梦天"实验舱飞抵。至此，神舟十四号乘组与地面配合完成了空间站"T"字基本构型的组装建造，中国人的太空之家扩展为宽敞舒适的"大三居"。

在轨 183 天里，航天员用各种办法调适心情

用镜头拍摄浩瀚宇宙和地球美景；在幸运星上写下美好的祝福；品尝在太空自己种的蔬菜

"我们和地面人员进行双向视频通话时，看到地面镜头里出现一排枝繁叶茂的大树，我们高兴地看了很久……"陈冬说。

崭新的太空家园宽敞舒适，太空失重环境充满新奇，但 3 个人持续 183 天生活在密闭狭小环境里，比起地球生活还是相对枯燥和单一。但这是航天员在太空必须要经历的心理挑战，闲暇时间里，他们也会想尽各种办法调适心情。

陈冬喜欢用镜头拍摄浩瀚宇宙和地球美景，他还将自己的所思所想创作成一系列太空主题的诗歌："我在天地之间翱翔 / 飞越地球，穿过家乡 / 星空与我相伴，祖国和我守望 / 星空是心之所往，祖国是朝思夜想……"

刘洋每天会叠一个幸运星，在幸运星上写下美好的祝福，那是她对中国太空家园的祝福。有一天，地面工作人员突然通知刘洋进行双向视频通话。刘洋"飘"至摄像头前，发现地面的视频通话间里，亲朋好友唱起了生日歌。原来那天是刘洋的生日。

在刘洋爱人送的生日礼物上，附着一张小卡片，上面写着："据说地球已经存在了 46 亿年，而人类不过才存在了几百万年，能在太空过生日是一件多么自豪的事情……"刘洋看着卡片，心中感到很温暖。

蔡旭哲一有空，就去照料他带来的生菜、西红柿和小麦种子。为了庆祝中国人首次在太空度过中秋节，蔡旭哲特意采摘了一盆生菜，他开心地说："这是我们首次品尝在太空自己种的蔬菜，口感很好。"

开展舱外作业，观览空间站全貌

蓝白相间的地球背景下，"问天""梦天"宛若张开的巨大双翼，空间站优雅地绕着地球家园飞翔

出舱活动是空间站任务中难度最高的环节之一。神舟十四号乘组创造了一次飞行任务 3 次出舱的纪录，每次出舱都面临着新目标、新挑战。

首次出舱，由陈冬和刘洋开展舱外作业。蔡旭哲在核心舱内配合支持。2022 年 9 月 1 日 19 时 09 分，陈冬、刘洋成功出舱，完成了安装线缆防护装置、舱外操作台、扩展泵组以及抬升全景相机等任务。两人还轮流站在机械臂上作业，完成了一种新型验证模式，即要求两名航天员在执行任务中具备角色互换能力。

他们面临的最后一项挑战，是验证问天舱舱外自主应急返回。出舱航天员需要模拟在出舱口最远端工作时，遇到紧急情况用最快的速度返回的场景。

这段经历让刘洋终生难忘。原来，出舱前进行第一次在轨训练时，刘洋发现一手携物一手爬行，很难控制身体姿态。真实的太空环境和地面训练环境存在不小差异。仅仅出舱前传递物品这一项，就让她耗费了一大半体力。为此，她反复训练，终于稳稳控制住了身体姿态。

正式爬行的时候，恰好处在阴影区。刘洋低头一看，周围是深不见底的黑，她的心一下就揪紧了。她连忙抓紧扶手，闭上眼，定了定神，继续向前，一泓明月静静地悬在脚下，她的心变得踏实了，稳稳地爬到了终点。历时约 6 小时，神舟十四号乘组圆满完成首次出舱活动全部既定任务。

后续的两次出舱，神舟十四号乘组接连创造了一个又一个的"首次"。

2022 年 9 月 17 日 13 时 35 分，蔡旭哲成功开启问天实验舱气闸舱舱门，迎接属于他的首次出舱。舱门打开，蔡旭哲探出身子，对着摄像头打招呼："03 已出舱，感觉良好！"在完成了安装舱外助力手柄、舱外载荷扩展泵组等操作任务后，他和陈冬要完成最后一项重要任务——首次舱外救援验证。

这项任务是由蔡旭哲模拟失去工作能力，陈冬将其从舱外带回出舱口。救援往返路径虽然只有 10 米左右，却困难重重。"03 可以将手缓慢松开，01 开始救援。"指挥的声音响起，蔡旭哲一点点松开双手。陈冬把自己的安全绳挂住蔡旭哲的固定绳，接着将另一根承载两个人生命安危的安全绳挂到舱壁上，小心翼翼地将蔡旭哲带回出舱口。

整个过程持续了 20 分钟，为了让模拟更真实，蔡旭哲始终没有用手扶一下舱壁，陈冬也流畅地完成了操作，完美地演绎了一场舱外救援。

中国空间站"T"字基本构型在轨组装完成后，为了方便三舱间太空行走，需要分别在天和核心舱与问天实验舱之间、天和核心舱与梦天实验舱之间搭建舱间连接装置。2022 年 11 月 17 日，陈冬和蔡旭哲再度搭档出舱，架设"天桥"，也就是舱间连接装置。"天桥"搭好后，蔡旭哲成为第一个"架完桥"又"试通车"的人，实现了首次跨舱段舱外行走。

在执行舱外作业时，陈冬回想，当被两臂送至最好视角，得以观览空间站全貌时，他感受到了强烈的视觉冲击：蓝白相间的地球背景下，"问天""梦天"宛若张开的巨大双翼，空间站优雅地绕着地球家园飞翔。头上是浩瀚宇宙，脚底下是空间站和地球，人静静地身处其间，油然生出一种自豪感。这份自豪感既属于乘组，也属于航天人，更属于中国人。

两乘组太空"会师"，精彩故事不断续写

自豪和感动涌动在每个人心间，他们齐声对着镜头喊出了心声："中国空间站，永远值得期待！"

这是一张注定要载入中国航天史的合影：神舟十四号乘组陈冬、刘洋、蔡旭哲和神舟十五号乘组费俊龙、邓清明、张陆共同出现在中国空间站舱内，开心地笑着。这是中国载人航天史上首次两个航天员乘组在太空"会师"，也是中国航天员首次在空间站迎接神舟载人飞船来访。

早在天舟五号货运飞船将神舟十五号航天员在轨驻留所需物资"快递"到空间站时，陈冬、刘洋和蔡旭哲就已经开始为迎接伙伴们忙碌了。他们将神舟十五号乘组的睡眠区、卫生区和就餐区逐一收拾好，方便新的乘组"拎包入住"。他们还专门穿上欢迎服，为神舟十五号乘组录制了欢迎视频。

2022年11月29日23时08分，神舟十五号飞船载着航天员费俊龙、邓清明、张陆顺利升空。当晚，神舟十四号乘组几乎一夜未眠，前半夜观看发射直播，等待火箭顺利升空，发射成功后，他们又兴奋得睡不着。

6个多小时后，神舟十五号飞船自主快速交会对接于天和核心舱前向端口。中国空间站首次形成"三舱三船"组合体，达到当前设计的最大构型。

终于能开舱门了。神舟十四号乘组指令长陈冬打开了空间站"家门"，神舟十五号乘组指令长费俊龙打开了神舟十五号飞船的舱门。隔着两米距离，陈冬就伸出了双臂："欢迎回家！"在陈冬的帮助下，费俊龙第一个"飘"进了梦天舱内，两人紧紧相拥。接着，6名航天员在中国人自己的太空家园团聚并合影，自豪和感动涌动在每个人心间，他们齐声对着镜头喊出了心声："中国空间站，永远值得期待！"

蔡旭哲迫不及待地带着神舟十五号乘组参观家里的陈设布置，陈冬和刘洋帮伙伴们热早饭、整理行李，还一同分享新乘组随货船带上来的新鲜果蔬。空间站变得更热闹了。

短暂的相聚之后，到了分离的时刻。神舟十四号乘组将要返回地球。2022年12月2日晚，神舟十四号、神舟十五号乘组进行了面对面的交接仪式，6名航天员分别在确认书上签字。随后，陈冬郑重地将空间站钥匙交到了费俊龙手中。至此，中国载人航天工程"三步走"战略圆满收官，中国空间站正式开启了长期有人驻留模式。

面对离别，陈冬、刘洋和蔡旭哲的心里五味杂陈，既为即将返回祖国怀抱而高兴，又为离开战友和太空家园而不舍。但神舟十四号乘组无比确定，不久的将来，一定还有机会回来。

星空浩瀚无比，探索永无止境。中国空间站的精彩故事还将不断续写。

（刘诗瑶、占康《人民日报》2023年3月29日第6版）

筑梦九天写忠诚

——记英雄的中国航天员群体

太空，人类梦想的疆土，寥廓而深邃。

这是一种极为震撼的体验：从343公里之外眺望地球，大地脉络分明，海岸线清晰绵长，青藏高原的雪域云天仿佛触手可及；

这是一段壮美无匹的征程：一人、二人、三人……寥寥数人的出征胜似千军万马上战场，每一次都标注了中国人探索未知的新高度；

这是一个千锤百炼的英雄群体：在中华民族的奋进史册里，飞天勇士叩问苍穹无疑是最精彩的篇页之一。今天，他们正书写着新时代的新华章。

他们，就是英雄的中国航天员群体。

"每一次对太空的叩问，都是下一次探索的开始"

这是属于全体航天员的荣光。

2017年7月28日，八一大楼。明亮的双眸、庄重的神情、挺拔的身姿，51岁的航天员景海鹏昂首阔步走上前台，亮闪闪的"八一勋章"紧贴胸口，让3次进入太空的他心潮澎湃——这既是向最优秀军人颁发的最高荣誉，也是伟大祖国给最勇敢战士授予的最高功勋。

中国航天员的脚步，伴随着国家强起来的鼓点，正以"世界瞩目的速度"走到一个个新的方位——

2013 年 6 月 26 日 8 时 07 分，聂海胜、张晓光、王亚平圆满完成我国载人航天首次应用性飞行。王亚平站在"最高讲台"，一堂 40 分钟的太空科学课，在千万青少年心底播下科学与梦想的种子；

2016 年 11 月 18 日 13 时 59 分，景海鹏、陈冬在太空完成 33 天中期驻留，为后续的中国空间站建造运营奠定了更坚实的基础。

这短短 3 年里的两次飞行，飞行时间超过历次总和的两倍，科学实验和技术试验超过以往的总数。

一次次中国飞天的步伐，留下的是民族永恒的记忆，中国人来到了太空，而且有信心、有能力飞得更高更远——

2003 年 10 月 16 日 6 时 23 分，杨利伟驾乘神舟五号飞船，用 21 小时 23 分钟环绕地球飞行 14 圈、近 60 万公里，在人类"走出地球摇篮"的漫漫征途刻下了属于中国人的数字。时隔短短两年，费俊龙、聂海胜执行危险性及难度系数均高出很多的神六任务，实现了载人航天飞行从"一人一天"到"多人多天"的重大跨越；

2008 年 9 月 27 日 16 时 41 分，翟志刚在刘伯明、景海鹏的密切配合下，完成首次太空出舱行走，在 343 公里的太空轨道实现了中国人与宇宙的第一次直接握手，让茫茫太空多了一抹五星红旗的鲜艳；

2012 年 6 月 18 日 17 时 04 分，景海鹏、刘旺、刘洋"飘"进天宫一号，太空从此有了真正意义上的"中国之家"，首次手控交会对接，刘旺以不到 7 分钟、误差 18 毫米的中国精度，赢得世界喝彩……

从神舟五号到神舟十一号，13 年间，我国已成为世界上第三个独立掌握载人天地往返技术、独立掌握空间出舱技术、独立自主掌握交会对接技术的国家。

"每一次对太空的叩问，都是下一次探索的开始。"走好新时代征战太空的新征途，这份豪情壮志始终在航天员们心中激荡。

"你们飞多高，中国人的头就能昂多高"

有时候，梦想会在一瞬间悄然而生。

2003年，当杨利伟飞向太空时，两名年轻的飞行员在不同地方，同时通过电视目睹了火箭升空的那一瞬。25岁的陈冬心想："什么时候我也能像杨利伟一样飞向太空，为祖国飞得更高？"23岁的王亚平看着火箭灿烂的尾焰，脑子里闪过一个念头："中国已经有了男航天员，什么时候会有女航天员呢？"

唰！当整流罩打开，神舟十一号飞船的右舷窗亮了，壮美的太空又一次让景海鹏惊叹。一句"爽！"喊出了陈冬初见蓝色星球的震撼，也喊出了他实现自己飞天梦想的酣畅。

飞行归来，有小朋友好奇地问王亚平："你在太空中会不会做梦？"她笑着回答："在太空，不管做不做梦，我都已经在自己的梦里。"

每一位航天员深知，飞天梦，不仅仅是自己的梦。

载人航天工程是一项宏大的系统工程，每次载人飞行，有超过10万名的技术人员用齿轮咬合般的团结协作，托举起英雄飞天。"两弹一星"元勋孙家栋形容："离开了集体的力量，个人将一事无成。"

刘洋说起一个令她感动的小故事。发射塔架上有个供紧急撤离的逃逸滑道，52米高，航天员会在执行任务之前进行训练，而技术人员会提前试验。一位年轻的女航天教员对刘洋说，她试跳时，看到下面黑乎乎的，两腿在发抖，但想到是给航天员们当"沙袋"，又觉得挺开心。

"到了太空，地球的引力变得微乎其微，祖国的引力却越来越重。"航天员们有一个共同的感受：每次飞临祖国上空，心跳都会加速，会不由自主地凝望祖国的疆域，情不自禁地隔着舷窗想去触摸，每一次都会热泪盈眶。

费俊龙这样对国外同行说："你可以分享我的快乐，却无法分享我的自豪。因为在我身后，有强大的祖国，站立着 13 亿多人民！"

有一个场景让杨利伟至今难忘。2004 年，他在美国纽约访问时，应邀出席华人华侨的一次活动。一位年近八旬的老华侨拉着他的手，语调颤抖，脸上满是泪痕："你们飞多高，中国人的头就能昂多高！"

刘洋珍藏着一张照片。2012 年 10 月，她参加北京航空航天大学成立 60 周年校庆，一位退休女教授挤过人群与她合了影。次年 5 月，当她再次来到这里与学校附中师生座谈时，一名小男孩递给她一个信封说："这是我奶奶给你的，我长大了也要当航天员。"刘洋打开一看，竟是去年跟那位退休女教授的合影，背面写着：向为航天事业做出贡献的人致敬！

跨越"上天的阶梯"，创造了训练零淘汰率纪录，在世界航天界绝无仅有

1998 年 1 月 5 日，从 1500 多名优秀空军飞行员中百里挑一、精心选拔的 14 人，汇聚北京航天城，成为中国首批航天员。他们面对五星红旗庄严宣誓："甘愿为载人航天事业奋斗终生！"

这一天，中国人民解放军航天员大队诞生。

自 1961 年 4 月 12 日苏联宇航员加加林一飞冲天，人类已进行上百次载人航天飞行，共有数百人次进入太空。面对风险莫测的飞天旅程，需要脚踏实地去追赶。

北京航天城，航天员大队公寓的门柱上，镌刻着"珍惜崇高荣誉、迈向更深太空"的队训，见证着飞行员向航天员的转变、从天空向太空的跨越。天空与太空，一字之差，被苏联航天员列奥诺夫形象地称为"上天的阶梯"。

14 名首批航天员进入航天员大队时，年龄最小的近 30 岁。工作了10 多年，书本也搁置了 10 多年，猛然间捡起书本当学生，要在一年时间里系统掌握许多生涩的学科理论，对每个人无疑都是严峻考验，因此也被称为"登天第一关"。一位来上课的老教授说："要在 3 个月内教完一年的高等数学课程，可真把我难住了。"

王亚平在参加航天员选拔时问杨利伟，成为航天员最难的是什么？杨利伟回答了两个字："学习。"等她加入航天员大队，才真正体会到"学习"二字的分量。

于是，航天员们重回课堂，白天上课、训练，夜里复习、预习，航天员公寓成了"不夜城"。

航天环境适应性训练是第二道坎，包含了众多艰苦万分的训练。仅以其中的"超重耐力"训练为例，在飞船返回地球时，人要承受自身重量数倍的压力，很容易造成人的呼吸极度困难或停止，导致意志丧失、黑视甚至直接危及生命。

刘洋曾说："太空虽然向女性张开了多情的怀抱，却从不有所偏爱。"她刚开始进行离心机超重训练时，短短几十秒，6个 G 的负荷就已让她如跑了万米一般，双腿发软，精疲力竭。

在高速旋转的离心机里，常人只能承受 3 到 4 个 G 的重力加速度，航天员却要承受 40 秒的 8 倍重力加速度。训练中，他们的五官被挤压变形，眼泪不自觉地往外飞，胸部极度压抑，呼吸非常困难，手臂抬不起来。一位航天员的母亲看后，一边流泪一边不住地摆手说："不看了，不看了！"

做这种训练时，航天员手边有一个红色按钮，一旦挺不住了就可以立即按动红钮，请求暂停。但 20 年来，没有一个人按过这个红钮。

太空飞行中，航天员每一步操作、每一个细节都直接关系任务成败。飞行手册是航天员在太空执行任务的宝典，所有指令都汇集在 9 大本、上百万字的厚厚手册里。在飞行程序训练中，他们做的笔记摞起来比桌子还高，数以万计的指令成为习惯动作和肌肉记忆，每个人闭上眼睛都能精准无误地全流程操作。

最终，经过严格考核与评定，先后选拔的两批 21 名航天员顺利通过考核，全部具备了独立执行载人航天飞行任务的能力，创造了世界航天员训练零淘汰率的纪录，在世界航天界绝无仅有。

"哪有运气和奇迹！"面对任务，航天员永远在备战

神十任务结束后，王亚平返回地球才知道，短短 40 多分钟的太空授课，引起全世界高度关注。

太空授课是神十任务一大亮点。人在失重环境下连站稳都很难，如果还要开展授课、实验和拍摄，那比地面难出千百倍，聂海胜、张

晓光、王亚平三人乘组为此在地面进行了 200 多个小时的训练。

太空授课中的水球实验，王亚平做出的水球又圆又大，格外漂亮。看到王亚平持续往晃动的水球中注水，地面支持团队的心都提到了嗓子眼。当完美的水球呈现在所有人面前时，大家才醒悟过来，兴奋地说："这丫头绝对做功课了，她是想给我们一个惊喜呢！"

王亚平的确是做足了功课。在太空最难做的是水球实验，动作轻了重了、水量多了少了，都可能导致水膜破裂。每次在地面做实验失败后，王亚平都和队友们细查原因，不断尝试，找出窍门。

手控交会对接是难度极高的航天技术，被称为"太空穿针"，对航天员的心理稳定性以及快速反应、准确判断、精准控制等能力，提出了很高要求。世界航天强国也难免数次失败。

为掌握"穿针"技术，确保百分之百的成功率，刘旺付出了大量心血和汗水。训练中，刘旺坚持以最高标准严格要求自己。他还主动提出将手柄延迟设置从 1 秒内延长到 2 秒，提高操作控制难度。地面 1500 多次的训练，终于换来了太空中的一次成功。

"哪有运气和奇迹！"用 15 年等待"换来"15 天太空之旅的张晓光说，航天员面对任务，永远是在选拔，永远是在备战。

"无论'主份'还是'备份'，都是航天员的本分"

北京航天城，空旷的模拟器楼，聚光灯下的邓清明一脸平静——20 年来，他从未在聚光灯下出现过。

"我是航天员邓清明，是目前航天员大队唯一没有执行过飞天任务、仍在训练的首批现役航天员。20 年来，我 3 次入选任务梯队，3

次与飞天失之交臂。为了飞天做准备，我感到过枯燥，也烦过、累过，但没有放弃过。无论'主份'还是'备份'，都是航天员的本分。"邓清明声音不大，语气却十分坚定。

通过严格训练的 21 名航天员，全部有能力执行太空任务。但受任务密度和条件制约，不可能每个人都有机会飞天，只能按照综评成绩排名确定人选。往往，第一名和最后一名成绩相差很小，小到一两分，甚至仅仅零点几分。神七航天员选拔时，刘旺就差 0.005 分。

大多数航天员都当过"备份"，有的甚至不止一次。神五时翟志刚是"备份"，神六时他又一次与飞天擦肩而过，但他两次都站在战友身后，微笑着为他们出征壮行；神七任务选拔时，陈全仅以微小差距落选，他说："我会努力当好'备份'，让战友在天上飞得更高更踏实。"

神十一任务发射前一天，决定最终的飞天人选是景海鹏和陈冬，邓清明仍是"备份"。这是离梦想最近的一次，又一次止步于发射塔前。轮到邓清明发言时，他停顿了一会儿，转过身面向景海鹏，紧紧抱住他说："海鹏，祝贺你！"景海鹏也饱含深情地说了句"谢谢你！"几分钟内，整个问天阁大厅寂静无声，在场的许多人都流了泪。

神舟十一号成功返回后，载人航天工程领导对邓清明说："你们和神十一乘组共同完成了这次任务，任务的成功就是你们的成功，航天员在天上的表现就是你们的表现。"听到"共同"二字，邓清明激动地落泪。

2014 年 3 月 13 日，一个普通的日子，却因 5 名航天员的停航停训，被写入中国航天史册。

吴杰、李庆龙、陈全、赵传东、潘占春是我国首批航天员，十几年来，他们日复一日地重复着"准备出征"这一件事，一次次接受祖国挑选，一次次与飞天失之交臂。因为超过黄金飞行期，他们再也没有机会为祖国出征太空，但他们仍像当年毫不犹豫参加选拔一样，坚决服从组织安排，退出现役航天员队伍。

抚摸着航天员纪念章，已年过半百的他们，还是难以忍住眼中的泪水。

他们的等待与飞天的辉煌一起，构成了中国航天史上最厚重的一页。

"飞天就是使命，太空就是战场，困难再大、危险再大，都动摇不了我们征战太空的决心"

西北大漠，孕育了中国航天事业的酒泉卫星发射中心。

2001 年 11 月，航天员们第一次来到这里，踏入航天人的精神圣地——东风革命烈士陵园。这座元帅、将军、士兵相依的不朽军阵，深深震撼了他们。自此，每次执行任务前，航天员们都会前来瞻仰长眠于此的 700 多位献身航天伟业的英烈。

载人航天是世界上最危险的职业之一，曾有 20 多人在执行任务和训练时不幸罹难。

2003 年，是世界航天史上的多事之年。此时，中国航天员正在备战首次载人飞行任务。担心世界航天接连失利的阴霾会造成影响，一场座谈会召来了航天员们进行交流。没想到，座谈会开成了请战会。航天员的想法惊人的一致："飞天就是使命，太空就是战场，困难再大、危险再大，都动摇不了我们征战太空的决心！"

2003 年 10 月 15 日 9 时，长征二号 F 火箭护送着神舟五号飞船直刺苍穹。上升到三四十公里高度时，火箭和飞船突然开始急剧振动，与人体产生共振，杨利伟眼前一片漆黑，感觉五脏六腑似乎都要碎了，难以承受。共振持续了 26 秒后，终于慢慢减轻。杨利伟如释千钧重负，如获一次重生。

后来有人评价：26 秒，见证了中国航天员英勇无畏、舍身为国的赤胆忠心。

当翟志刚探头出来睁大眼睛，瞬间被太空的荒凉、广袤和深邃所震撼。但他已经比预计出舱的时间晚了几分钟。此刻，神舟七号飞船正以每秒钟接近 7.9 公里的高速，在 343 公里的高度掠过祖国疆域。留给他们执行出舱任务的时间也就十几分钟。

正当费尽周折打开舱门的翟志刚准备出舱时，报警声突然响起："轨道舱火灾！轨道舱火灾！"刺耳的声音不断重复。

飞船火灾是全世界航天员在太空最怕发生的事故。报警的第一时间，轨道舱内的刘伯明和返回舱内的景海鹏检查了所有设备，没有发现火灾，也没有发现短路跳火。而此时轨道舱处于真空状态，是不可能发生火灾的。尽管翟志刚他们判断不可能发生火灾，但可怕的报警声一直在持续。

"还出不出舱？"刘伯明问。

"出舱！"翟志刚答。

翟志刚攀出舱门，全身已在深不见底的茫茫宇宙中。按计划，他要先把一个固定在飞船舱外的实验样品送回舱内，然后再从舱内取出五星红旗，进行太空漫步和舱外展示。第一时间，刘伯明先把国旗递了出来，翟志刚心领神会地接过，两人临时改变了出舱程序。

2008 年 9 月 27 日 16 时 41 分，身着"飞天"舱外航天服的翟志刚，挥动着鲜艳的五星红旗向地面报告："神舟七号报告：我已出舱，感觉良好。神舟七号向全国人民、全世界人民问好！请祖国放心，我们坚决完成任务！"

那一刻，人们从电视直播中看到的是五星红旗在神舟飞船舱外飘扬，但并不知道当时的惊险。

返回地球后，有人问，为什么要先展示国旗？翟志刚说："无论发生什么情况，我们都要完成任务，让五星红旗高扬在太空。"刘伯明说："即使我们回不去，也要让五星红旗在太空飘扬。"

幸运的是，事后分析表明，轨道舱火灾警报只是一场虚惊。

有人曾问两度飞天的聂海胜和三次圆梦的景海鹏："你们已经实现飞天夙愿，未来还打算冒这么大的风险吗？"

"航天飞行是我们的事业，更是我们的生命，为了飞天梦想，只要祖国需要，我们随时准备再上太空！"聂海胜答道。

作为一名党的十九大代表，景海鹏面对中外记者提供了这样一个"答案"："我十分渴望再上一次太空、再当一次先锋、再打一次胜仗，让浩瀚太空再次见证一名航天战士对党和人民的绝对忠诚、无限忠诚！"

追梦新时代，"心愿只有一个，就是再次飞向太空"

2017 年 10 月 18 日，党的十九大在北京隆重开幕。"建设航天强国"写入党的十九大报告，中国航天事业站在新的历史起点上。

空间站时代大幕开启。北京航天城里，航天员们开始了空间站任务学习和训练的第一年。

空间站时代，出舱装配、维修科学设备将是日常工作，而出舱是超大负荷的活动。一直在锻炼上肢力量和手指力量的王亚平，刚开始并没有具体概念。5 天舱外服的试验做下来，完全颠覆了她的想象：在 120 多公斤的舱外服中才工作了三四个小时，手就抖得拿不住笔。而将来真正的太空出舱活动，一次就相当于地面连续工作七八个小时的训练量。

50 岁出头的刘伯明看起来比 10 年前参加神七任务时还要精干。为了空间站任务，他主动加量训练，强化自己的体能。刚做完身体检查的他，肺活量达到 6000 毫升，比年轻时还好。

"庆幸赶上伟大的时代，有幸参与伟大的事业。"祖国越来越强大，刘伯明有切身感受。20 年前，我国载人航天工程刚刚启动。20 年后，已有外国航天员选择来中国参加海上救生训练。"外国航天员还想学汉语，想加入到中国的航天员队伍中，跟我们一起交流合作。"

"心愿只有一个，就是再次飞向太空。"费俊龙说。

新时代，人人有梦。

（余建斌、谷业凯、李国利、梅常伟
《人民日报》2018 年 1 月 22 日第 1 版）

勇于攀登航天科技高峰
——记航天领域的功勋模范

2020 年 4 月 23 日，习近平总书记给孙家栋、王希季等参与"东方红一号"任务的老科学家回信时指出，老一代航天人的功勋已经牢牢铭刻在新中国史册上。习近平总书记强调，新时代的航天工作者要以老一代航天人为榜样，大力弘扬"两弹一星"精神，敢于战胜一切艰难险阻，勇于攀登航天科技高峰，让中国人探索太空的脚步迈得更稳更远，早日实现建设航天强国的伟大梦想。

4 月 24 日是中国航天日。60 多年来，在我国航天事业从无到有、从小到大的发展进程中，向着航天强国的奋进征程中，一代又一代航天人自力更生、艰苦奋斗，创造了一个又一个中国奇迹。孙家栋、陆元九、叶培建等航天功勋，就是中国航天人的杰出代表，在他们身上映射着中国航天的峥嵘岁月，也展现着航天人心怀"国之大者"的精神品质。

孙家栋：与中国航天发展紧紧相依

"'神十三'的航天员们快回来了吧？"在神舟十三号航天员完成半年太空驻留任务返回地球之际，"共和国勋章"获得者、中国航天科技集团有限公司原高级技术顾问孙家栋院士满心惦念。

孙家栋是最年轻的"两弹一星"元勋，也是最年长的卫星工程总设计师。他是我国人造卫星技术和深空探测技术的开创者之一，为我国突破卫星基本技术、卫星返回技术、地球静止轨道卫星发射和定点技术、导航卫星组网技术和深空探测基本技术作出卓越贡献。

"东方红一号"开启中国太空时代，"嫦娥一号"迈出中国深空征程，北斗开启中国卫星导航服务，航天生涯"放飞"上百颗中国星……可以说，孙家栋这个名字与中国航天事业的发展紧紧相依。

当年，38 岁的孙家栋受命领衔研制我国第一颗人造卫星"东方红一号"。"上得去、抓得住、听得清、看得见"，寥寥 12 字，简洁概括了"东方红一号"卫星的总体技术方案和目标，以此形容初次接触卫星的技术负责人孙家栋的工作特点也十分贴切。

2004 年出任探月工程总设计师时，孙家栋 75 岁。2007 年 10 月 24 日，第一颗探月卫星"嫦娥一号"顺利抵达月球并实现绕月，中华民族终于圆了千年奔月的梦想。

对中国航天的发展，尤其是对中国空间站建设进度，93 岁的孙家栋如今仍时刻心系，寄予了殷切的期望。"历史的接力棒已经交到新时代航天人的手中，建设航天强国使命在肩，弘扬航天精神薪火相传。在新的征程上，我愿与大家一起继续前进！"

陆元九：把创新当作一场没有终点的长跑

"祖国永远是我的挚爱。在自己的祖国工作，再苦再累都是快乐的。"这是"七一勋章"获得者、中国航天科技集团有限公司科技委顾问陆元九院士的心声。

陆元九是我国自动化科学技术开拓者之一，作为早期出国留学的博士，新中国成立初期，突破重重阻力毅然回到祖国怀抱，潜心研究，矢志奉献。几十年来，陆元九对党忠诚、奋发图强，潜心研究、矢志奉献。他参与筹建中科院自动化研究所，首次提出"回收卫星"概念，创造性运用自动控制观点和方法对陀螺及惯性导航原理进行论述，为"两弹一星"工程及航天重大工程建设作出卓越贡献。

1958年，陆元九积极响应"我们也要搞人造卫星"的号召，并提出：要进行人造卫星自动控制的研究，而且要用控制手段回收它。这是世界上第一次提出"回收卫星"的概念。与此同时，我国第一个探空火箭仪器舱模型也在陆元九和同事们的手中组装出来了。

陆元九反复叮嘱大家："如果不把技术问题吃透，是要吃亏的。如果技术问题搞不清楚，腰杆子就不硬。""上天产品，99分不及格，相当于零分。100分才及格，及格了还要评好坏。"

"把创新当作一场没有终点的长跑"，是陆元九科研生涯的真实写照。他认为，在航天这样一个尖端科技领域，"进行研发工作，需要不断深入，所以科技人员要不断前进、不断学习、不断创新。"

2021年"七一"前夕，陆元九以101岁的高龄，成为党内最高荣誉"七一勋章"最年长获得者。这是对他一生心系祖国、科技报国崇高精神的肯定，百年的赤子之心，从未改变。

叶培建：始终把国家利益放在第一位

"航天科技自立自强，必须牢牢掌握在自己手里，在实现第二个百年奋斗目标新征程中展现担当作为……"

振奋人心的讲话，来自北京理工大学举行的一场思政公开课。授课人是"人民科学家"国家荣誉称号获得者、中国航天科技集团五院技术顾问叶培建院士。

从我国第一代传输型侦察卫星、第一代长寿命实时传输对地观测卫星，到我国第一颗月球探测卫星……作为多个具有开创意义的空间探测器的总师、首席科学家，叶培建为中国航天事业兢兢业业地奉献了50多年，亲身参与我国卫星研制、遥感观测、月球与深空探测的发展，在多个领域作出了系统性、创造性贡献。

叶培建的科研生涯里，曾面对多次选择。求学、工作，留学、归国……他始终把国家利益放在第一位。他曾说："我喜欢为国家做事，做得越多越好。如果有机会，我会选择到更艰苦的地方去。"

在主持卫星研制工作期间，叶培建把质量看得比什么都重。作为总师，他常说一句话："只要卫星没有加注、没有点火，就要将问题复查进行到底。"在这种近乎严苛的要求下，他带领团队研制出资源二号等"精品卫星"。规划"嫦娥四号"任务时，叶培建又大胆提出"中国的探月事业要走别人没走过的路，到月球背面去"的设想，最终"嫦娥四号"实现了"翩然落月背"的人类壮举。

如今，已经77岁高龄的叶培建工作和生活依旧十分充实。作为南京航空航天大学航天学院院长，编教材、教学生，他一样也没落下。叶培建说，自己还要"想得更远一点"，争取为国家做更多事情。

在航天领域功勋模范和"嫦娥""神舟""北斗"等模范团队的引领下，中国航天人正在建设航天强国、实现高水平科技自立自强的道路上奋勇前进。

（余建斌、喻思南、谷业凯《人民日报》2022年4月24日第4版）

今年围绕空间站的交会对接任务次数更多——

逐梦深空，探索脚步更稳更远

2020 年 12 月 17 日，嫦娥五号从月球采样返回，微波雷达在距地球 38 万公里的月球轨道执行交会对接任务；

2021 年 5 月 15 日，天问一号探测器着陆遥远火星，团队新研制的相控阵敏感器首次实现地外天体着陆测量；

2021 年，微波雷达先后执行货运飞船、载人飞船与空间站天和核心舱的太空交会对接任务，2022 年，围绕空间站的交会对接任务次数更多……

"创新，是我们航天人代代相传的基因"

"10 年来，我们参与了空间站建设、探月工程、火星探测等重大航天工程，实现了 3 个首次、十战连捷。"中国航天科工二院 25 所微波雷达总设计师孙武说。

走过 10 年艰辛又充实的创新之路，中国空间交会对接雷达技术跻身世界一流，孙武带领的微波雷达团队，用奋斗浇铸着梦想，用脚印丈量着逐梦深空的新征程。

当国内相关技术领域还是一片空白时，孙武已早早带领团队启动了微波雷达原理样机自主研制。从零开始技术攻坚，常常是日复一日地试验、琢磨、更改、再试验……突破一个个关键技术后，微波雷达加入了载人航天事业大家庭，并在神舟八号无人飞船与天宫一号首次交会对接任务中完成了"首秀"。

"创新，是我们航天人代代相传的基因，进入新时代航天发展'快车道'，我们更加奋力奔跑。"孙武的徒弟、团队负责抗多径技术攻关的设计师贺中琴说。

重量减轻一半，体积减小 2/3，功耗减少 1/3，这意味着能在太空中测量得更准、工作得更久……2016 年 10 月 19 日，团队自主研发的第二代高精度测量微波雷达助力天宫二号与神舟十一号"太空牵手"，这是一次空间站对接的实战演练，这部全新的微波雷达再一次不辱使命。

"这 10 年，空间任务逐渐常态化、快速化，我们的微波雷达持续输出高精度能力，我有幸参与了空间站建设的光辉历程，也见证了中国航天的蓬勃发展。"第十次在指控大厅参与保障任务的孙武激动地说："我们正以更稳健的步伐在探索太空的新征程上前进！"

"航天任务顺利完成是一代代航天人接续奋斗的成果"

视线掠过近地轨道，航天人面前是更遥远的星辰大海。

2013 年，孙武团队成为探月三期的核心配套单位，开始了探索月球的新旅程。与近地轨道相比，月球轨道没有卫星导航等服务资源，微波通信是中远距离的唯一手段。但月球轨道空间环境更为复杂，这对微波雷达产品性能提出了更高的要求。

当时 30 岁的贺中琴被赋予技术负责人的重任，她说："航天任务顺利完成是一代代航天人接续奋斗的成果，困难会很多，但我跟着大家学到了很多，我想试一试！"

新的应用领域对产品提出了更高的要求，每一项性能的提高和功能的增加都成为横亘在项目团队面前的难题，"大家的想法就是拼了，管它什么难题！来一个解决一个！"贺中琴说。

在孙武的带领下，贺中琴与团队攻克了多项关键技术，将微波雷达的测角精度再次提高，实现了双向传输通信和抗"月尘"干扰能力，综合测量性能还达到国际领先水平。

2020年12月17日凌晨，经历23天惊心动魄的太空之旅，嫦娥五号怀揣月球样品返回地球，这意味着微波雷达在距离地球更遥远的空间领域再一次得到成功应用。

在探月任务前夕，贺中琴就自信地说，"我们和雷达都做好了最充分的准备！"从初出茅庐的年轻设计师，到独当一面的航天女将，贺中琴那年37岁，已为探月任务挥洒了7年青春。

"宇宙有多大，我们的梦想就有多大"

探月之旅的成功，不仅仅象征着新产品的诞生，更意味着新一批航天人才的崛起。

2016年，团队的目光瞄向了更远的目标——星际探测。为"天问一号"着陆火星提供测量手段——研制相控阵敏感器，成为团队树立的第一个愿景。

"这是一个勇敢的项目。"孙武说，"火星和地球之间距离漫长，通信存在十几分钟的时延，在地球上无法控制着陆过程，对敏感器提出的要求极为苛刻，很多试验需要我们模拟火星环境来完成。"

研制小组很快组建起来，这是一支更为年轻的团队，有90后博士，也有更年轻的力量。新的目标需要新的技术，难度也就更大。团队又一次从零出发。经过5年精心打磨，与同类产品相比，这款相控阵敏感器实现了体积更小、重量更轻、功能更全、精度更高的既定目标。

2021年5月15日，在全世界的注目下，天问一号探测器成功着陆火星，迈出了我国星际探测征程的重要一步。相控阵敏感器不负众望，实现了在地外天体着陆测量中的首次成功应用，跨越3.2亿公里，团队在浩瀚深空镌刻下创新、开拓、奋斗的印记。

"问天、问月、问星河，宇宙有多大，我们的梦想就有多大。"这是这支团队10年的亲身感悟。

团队成员贾谷文，无论寒冬腊月还是烈日酷暑，几乎每一次外场试验都从不缺席。10年的时间，"小贾"变成了"老贾"，"这是不断探索、不断成熟的10年，很庆幸能和大家一起成长。"贾谷文说。

"我们将继续在载人航天工程、探月工程和行星探测任务中发挥科技支撑力量！"孙武说，从"上九天揽月"到"手可摘星辰"，我们不断努力着，争做新时代中国航天事业的奋斗者、攀登者。

（余建斌《人民日报》2022年6月9日第10版）

"中国青年五四奖章"获得者、中国航天科工集团航天三江
17 所总师助理陈际玮——

"航天科研的及格线必须是 100 分"

"每次近距离观看飞行器成功起飞，我和同事抱在一起庆祝
时，泪水就忍不住流下来"

1989 年出生的陈际玮虽然年轻，却已经有着 10 年的航天科研经历。由于主要负责航天飞行器控制系统研制，陈际玮常被人称为大国重器"最强大脑"设计师。

陈际玮说，在人群里要认出航天人其实也很容易："提起自己的专业知识就滔滔不绝，一说其他话题就相对木讷寡言。"这也是陈际玮自己的特点。这位外表斯文冷静的青年工程师，内心对航天有着火一般的热情。自从 2012 年加入中国航天科工集团航天三江 17 所后，陈际玮迅速成长为业务骨干，还担任了总师助理。

10 年来，陈际玮锚定一件事：航天飞行器控制系统研制。"汽车有导航、方向盘，航天飞行器也需要这样一套控制飞行轨迹的东西，整个系统又被称为飞行器的'最强大脑'。从离开地面到再次回到地面，整个过程中全部飞行轨迹、所有动作姿势都由我们来设计。"陈际玮说，自己和同事的工作便是提升"最强大脑"的感知和识别能力，

让飞行器更快、更稳、更准地工作。

这并非易事。陈际玮介绍，航天飞行器控制系统研制是一项综合器件基础、技术算法的复杂工程，每一步攻关都可能花费数年之久。截至目前，他所在的团队极大提升了航天飞行器控制系统性能，有力保证了国家航天防务装备的高水平交付。10年来，陈际玮先后参与多项国家重点项目研制，圆满完成数十次重大试验任务，他因此荣获第二十六届"中国青年五四奖章"。

"飞行器就像我的孩子。"陈际玮说，"每次近距离观看飞行器成功起飞，我和同事抱在一起庆祝时，泪水就忍不住流下来。"

有成功的欢喜，也有失败的懊恼。他练就了一颗平常心：航天是高风险事业，科研时问题充分暴露，才能换得最终万无一失。

刚参加工作时，陈际玮目睹了一次飞行器的失败飞行。"我瞬间蒙了，下一秒就跟着大家忙起来，翻阅数据、查找问题。"团队驻扎在试验场，七天七夜不眠不休，终于找到了故障根源，后续取得圆满结果。

"航天科研的及格线必须是100分，不要想着有什么99分，不然就是任务失利，甚至人命关天。"这种近乎苛刻的较真，是包括陈际玮在内的航天人坚守的底线和原则。

陈际玮向记者讲述了一个"1毫秒"的故事。在模拟飞行器飞行的过程中，由于电脑数据处理和真实设备数据截断的精度不一致，导致上百次试验中有一次试验结果存在1毫秒的偏差。"说实话，这种偏差并不罕见，对最后结果也未必有影响。"然而，陈际玮却不想放过这种轻微差别，"主观判断没影响不算数，我们要证明它对结果绝对不会有干扰。"为了这1毫秒，陈际玮带领团队整整论证了3天，消除了数据偏差后，他才睡了个踏实觉。

"应对未来 10 年至 20 年的大趋势，搞好预研项目，促进创新落地"

陈际玮成长的 10 年，是我国航天事业飞速发展的 10 年。他参与的飞行器控制系统研制任务，不仅在数量上实现新的跨越，在技术趋势上也更加注重科学和性能。

"这 10 年，航天事业给我提供了广阔的发展空间。我不仅要学好专业知识，还要努力提高个人品格修养，将个人奋斗的'小目标'融入党和国家事业的'大蓝图'。"陈际玮说。

办公室、试验室和会议室，这是陈际玮工作生活的主要轨迹。除了在电脑前一刻不停地抓紧研制新算法模型，他还要经常参与讨论各分系统技术研制进展，时不时奔赴荒凉偏远的外场做试验。

"父母从外地来看我，我能陪他们的时间很少。"陈际玮说，好在父母很支持自己的工作，他更觉得要趁年轻多干点事。

"工作等于爱好＋责任＋信念。"兴趣正好是职业，陈际玮感到自己很幸运。除了喜欢和航天有关的一切打交道，一想到自己参与研制的航天飞行器在高空翱翔，能为建设航天强国贡献力量，陈际玮就感到浑身充满力量。"不经历风雨，怎能见彩虹？试验成功了，让我更加坚定选择的方向；倘若失败了，鞭策我保持清醒和定力。"

如何把科研工作做好，陈际玮有自己的理解。飞行器控制系统研制，不仅需要科研工作者在技术上寻求开拓突破，还需要在视野上将目光放长远，保有创新意识。"任何发展都离不开创新思维，不能只满足于当前的任务指标需求，更要应对未来 10 年至 20 年的大趋势，搞好预研项目，促进创新落地。"

不多的业余时间中，陈际玮的主要精力都放在学习上。他在手机、电脑上下载了许多学习软件和检索工具，随时追踪全球相关学术动态和研究热点，时刻充电。

"没有把'航天报国，青春无悔'挂在嘴上，却都用一生来践行"

陈际玮从小就有个航天梦，如今，他用实际行动践行着梦想。

"小时候，我最爱看《兵器》这本科普杂志，对航天装备版块内容尤其感兴趣。"陈际玮回忆，高中二年级时，坐在教室里观看电视转播，看到了中国首位航天员杨利伟搭乘神舟五号载人飞船顺利进入太空的一刻。

"航天事业在我心中很崇高，当时我就下决心要参与其中。"填报志愿时，陈际玮毫不犹豫地在第一志愿填报了北京航空航天大学系统与控制专业，毕业后如愿加入中国航天科工集团航天三江17所，从此与航天飞行器结下深厚情缘。

没能成为航天员，更没有机会去太空，儿时的梦想似乎没有实现。但陈际玮在参加工作后却更加明白，火箭腾空而起的荣耀瞬间，背后是无数航天科研工作者默默无闻的付出。如今陈际玮作为幕后一员，深感使命光荣、责任重大，必须竭尽全力。

陈际玮说，17所宽松包容的科研环境和亲密的师友关系，给青年人才提供了非常好的条件。他的导师石晓荣，是17所首位"中国青年五四奖章"获得者。"吃苦的事，师父总是第一个冲上去；犯难的事，师父总是第一个站出来扛。她不会说教你，只是把自己的工作先做好。

所里的航天人，没有把'航天报国，青春无悔'挂在嘴上，却都用一生来践行。"

所里有一位年近 90 岁的老航天，虽然早就退休了，却仍然每天早早来到办公室看书、学习，研究最新的航天科研问题，也乐于解答年轻人学术上的困惑。陈际玮看在眼里，深受震动。"终身学习，保持热爱，这是老一辈航天人的风骨，我又有什么理由懈怠和偷懒？"

当陈际玮也开始带团队时，看着一张张年轻的面孔，他效仿 17 所的优秀前辈，坚持言传身教，恪守质量就是生命信念，发扬吃苦耐劳精神，希望打造一支技术过硬、信念坚定的队伍。目前，陈际玮带领的年轻团队中，已走出多名 90 后优秀航天工作者。

除了偶尔用散步调剂情绪，陈际玮最主要的解压方式还是和同事们交流科研问题。"所里开设了众多学习小组和学术交流讲座，我想不通的时候，就和大家聊天，既是对压力的一种释放，也常常在思路上有所启发。"

"我的短期目标就是把当下的工作做好。长期目标，就是希望成为一名真正优秀的航天人。不是拿过荣誉才叫优秀，是干完了，让别人真正认可，才是真的优秀。"陈际玮向记者说起自己的心愿。

（刘诗瑶、蒋建科《人民日报》2022 年 6 月 20 日第 19 版）

二、科教兴国　勇攀高峰

　　他们以科技报国的远大抱负，发动科技创新的强大引擎，让"科技之花"在希望的田野上更加绚烂。广大科技工作者必将在祖国大地上书写下精彩人生，也必将为高水平科技自立自强贡献更大力量。

面向世界科技前沿、面向经济主战场、面向国家重大需求、面向人民生命健康，科学家和科技工作者——

攻克关键难题　勇攀科技高峰

选择——

"做有组织的科研、有用的科研"

一把直尺，最小刻度通常是 1 毫米。如果将这一小段的长度拆分成 100 万份，其中的 1 份，就是 1 纳米。在这种肉眼无法观察、直觉难以想象的量级上，需要什么样的"尺子"才能实现精密测量呢？通过量子精密测量技术，获取经典方法难以捕捉的信息，正是肖连团及其团队的研究重点之一。

肖连团是太原理工大学副校长、山西大学激光光谱研究所所长。2014 年，"光与物质相互作用的量子效应团队"获批教育部创新团队，肖连团作为团队学术带头人，聚集了一批光学、原子分子物理、凝聚态物理等多专业背景的科研人才。团队成立伊始就明确目标，在支持自由探索的同时，努力以科研成果服务国家和社会的现实需求。用肖连团的话来说，就是"做有组织的科研、有用的科研"。

量子精密测量，虽然高深，但离我们的生产生活并不遥远。比如，肖连团团队发明的新型量子相干光谱检测技术，为单分子光学、微波电场高灵敏检测、单管制成像等应用提供了强有力的技术基础。以细胞内氧浓度传感为例，通过单分子量子相干技术可以对细胞内亚微米尺度的氧浓度进行高分辨高灵敏测量，为未来肿瘤诊断与治疗应用提供一种有效技术手段。

越是前沿领域，可借鉴的经验越少。一支科研团队，如何持续保持创新能力、不断攻克难关？肖连团认为："需要有敢为人先、自主创新的精神，还要善于凝聚团队的力量，集智攻关。"

2020年，团队在国际上首次实现里德堡原子微波超外差接收机样机，微波电场场强测量灵敏度优于之前国际最好水平的1000倍，极大提升了微波探测灵敏度。"这个成果来之不易。"2013年加入团队，现任山西大学激光光谱研究所教授的秦成兵说，"我们仅开展理论论证就用了两年多时间，在开展高灵敏微波电场精密测量时，还要克服实验环境和实验工具的种种限制。"

首先是干扰问题。如今通信技术发达，微波信号随处可见，寻找到能避免干扰的实验场所，对确认精密测量精度十分重要。于是，团队建设了微波暗室，确保将非实验产生的信号挡在室外。实验工具方面，正如水银之于温度计，窄线宽超稳激光器是开展微波电场精密测量的重要设备，然而，由于团队对灵敏度提升的目标要求非常高，国内外商业化激光器的稳定性难以满足测量需求。几经讨论，团队决定自己动手，把这个急需的工具做出来！"做光机械的、做真空器件的、做电子线路的……大家密切沟通，相互支持，历时一年半，终于做出了符合需要的设备，而且性能比预想中还要好。"肖连团说。

与此同时，许多成员从学术新人成长为科研骨干，具备了带团队开展研究的能力，秦成兵就是其中的一员。他说："肖老师和许多学界前辈都很擅长将一个大的困难拆解开来，细化为若干具体问题，根据大家的专业专长进行分工解决，进行有组织科研。这对我自己开展科研工作有很大启发。"

创新没有止境，学习也没有止境。团队建立了学术报告制度，每周六，青年教师和博士生集中交流，介绍自己最近的学术进展。肖连团除了开展科学研究，还承担着许多行政事务，但再忙也坚持每天阅读科学文献。"持续学习是最基本的态度，这个必须雷打不动。特别是作为一支团队的学术带头人，对学科前沿动态和国家的重大需求，都需要有清晰的认识，这样才能使我们的工作成为有用的科研，让我们的研究成果发挥更大作用。"肖连团说。

热爱——
"最快乐的事情，就是我们培育的品种被农民喜欢"

"平均籽粒产量每亩 519 千克，最高亩产 622 千克，平均亩产比 2022 年沧源佤族自治县玉米平均单产增加 101.2%。"

"平均产量每亩 605.4 千克，最高亩产达 630.0 千克。示范品种抗病性强、商品品质优、综合表现好，建议加快示范推广力度。"

…………

听到自己培育的品种得到测产专家组肯定，云南省农业科学院首席专家番兴明和科研团队成员颇为振奋。每年一到玉米成熟的时节，番兴明就带领团队成员四处奔波，进试验田、看测试点，了解选育品种的农艺性状和产量。在云南沧源佤族自治县的两个高海拔村，团队与农户合作，示范种植了"云瑞 668""红单 6 号"等 4 个玉米品种。

"开展示范种植的这个生长期，气候不大理想。"番兴明说，当地先是干旱少水，后又阴雨连绵，病虫害较往年偏重，这给玉米生长造成了不小压力。

可经过测产验收，示范区玉米产量不减反增，果穗也圆润饱满。更让番兴明感到振奋的，是乡亲们的认可："番老师，来年我还找你们要种子！"种子对收成有多重要，农民最清楚！白斑病是当地农户的一块心病，而番兴明团队带来的品种抗病性强、产量增高，解了乡亲们的难题。

多年来，番兴明带领的云南省农业科学院热带亚热带玉米遗传育种创新团队致力于选育丰产性、稳产性强的好品种，努力为加快种业振兴、保障粮食安全作出更多贡献。

由于育种试验受到气候条件限制，团队成员常像候鸟一样，随季节更替而"迁飞"，一年下来，许多人有两三百天都"漂"在外地。播种、授粉、收获……这些工序下来，大半年就过去了。然后，他们又要带上精挑细选的育种材料，回到高海拔地区，继续开展春播、夏播。不少成员在春节时也回不了家，只能在育种基地过年。

"育种科研成果的形成需要经历漫长而艰苦的积累过程。只要心怀热爱，吃得了苦、耐得住寂寞，坚持下来总会看到回报。"番兴明说。

团队首席助理尹兴福说，番兴明几乎全年无休，做事雷厉风行、说干就干。"有次番老师刚下飞机，天黑还下着雨，他就着急去地里看育种材料，没想到车在中途陷进泥坑，他下来帮忙推车，溅了一身泥水……他笑着说，'这没什么，我们搞农业，本来就是跟泥土打交道。'看到番老师以身作则往一线扑，我们都觉得在平时的工作中要更脚踏实地、更加勤奋。"尹兴福说。

天道酬勤，不负耕耘。至今，番兴明团队已累计选育出 100 余个玉米品种，推广优质玉米超 1.4 亿亩，新增产值超过 170 亿元，产品广受市场认可。

团队成员蒋辅燕是一名科技特派员，常常进山下乡，能听到许多农民的心声。他的感受是，随着市场需求多元化，农户对品种的要求也更高更细了。"有个品种产量很高，单纯从科研角度看是成功的。但它的苞叶较紧，大规模种植时，会增加农民收获的人工成本。为此，我们在亲本上进行有针对性的改良，解决了这个问题。"蒋辅燕说，"育种工作不是纯粹的理论研究，贴近农民深入了解需求，往往能帮助我们明确方向。"

"育种人对生活永远抱有一种期待。"番兴明说，"最快乐的事情，就是我们培育的品种被农民喜欢，给他们带来收益……"

攻关——
"让我们造出的飞机更具竞争力"

ARJ21 国产支线飞机，是我国首次全面按照国际适航标准研制的商用客机，为 C919 等后续机型的发展打下了基础。投入商业运营的第七年，ARJ21 国产支线飞机又呈现给公众一番新的面貌：2023 年 9 月，7 架 ARJ21 飞机在新疆乌鲁木齐地窝堡国际机场进行静态展示，包括公务机、医疗机、货机和应急救援指挥机在内的 4 款衍生机型首次同台亮相。

"努力把 ARJ21 这个型号做得越来越好。20 年来，我基本上只做了这么一件事。"从制定一份设计方案到研发一个初具规模的系列，中国商飞工程总师、ARJ21 系统总设计师陈勇亲历了这一型号的前世今生。他认为，对于一款商用飞机来说，投入客运远远不是终点。"我们的愿景不仅是做出一架飞机，而是将它作为一个平台，开展更多的探索，衍生出更多的机型，服务更多的需求，让我们造出的飞机更具竞争力。"陈勇说。

为实现这一目标，ARJ21 项目团队开展了多方面工作。他们与国内的科研院所、企业等协力推动产品改型，提升产业配套能级；往来于各个航司和试飞现场，持续追踪和改进机型表现；优化设计，帮助飞机减重减阻、降本增效……

经过多年努力，这一机型在国内外市场赢得越来越多的认可。自 2016 年 6 月 28 日成功实现商业首航至今，ARJ21 已经交付超 120 架，在国内 100 多座城市实现通航，安全运送旅客超过 1000 万人次。2022 年 12 月，ARJ21 交付首家海外客户印尼翎亚航空，这是中国喷气式客机首次进入海外市场。

在陈勇看来，做出有竞争力的产品，往往意味着要奔着解决难题去。项目立项时，国内相关工作人员已经多年没有承担民用飞机型号的研制任务，在设计、制造、试验试飞等多个环节，都缺乏有经验的人才。团队与一些高校、科研院所合作，组建联合工作队，在真刀真枪的历练中，不断增强攻关能力。

飞机结冰问题在民航业历来受到重视。为保证 ARJ21 能适应各种环境，保证飞行安全，项目团队决定使用危险系数最高的冰型开展结冰试验。"当时我们'环球追冰'，往返 3 万公里，寻找最严酷的结冰环境。"陈勇说，"最初，我们的飞机是不能满足要求的，比如，迎角传感器就出现过被冻结的情况。"通过仿真计算、风洞试验、地面和空中自然结冰状态下的试验试飞，团队找到机翼翼面、发动机唇口和风扇结冰、冰块脱落等规律，攻克了 25 项与结冰试验验证相关的技术难题。

一道道考验，不仅造就了 ARJ21 飞机优秀的性能，还历练出一批拔尖科研人才。许多人成长为其他项目的总师、副总师，成为行业新一代的中坚力量。

"我们这批 60 后航空人非常幸运，赶上民用飞机大发展的机遇，做出了一些成果。我相信，只要科研人员继续心无旁骛、迎难而上，将来一定能取得更大的突破、更大的进步。"陈勇说。

转化——
"努力用最先进的技术造福患者"

在北京医院综合楼见到马洁时，她正与神经内科的同事讨论某疾病的治疗方案。"实践表明，干细胞疗法对神经退行性疾病有不错的效果，所以我们想顺着这个方向，探索一些治疗方法。"作为北京医院生物治疗中心主任，马洁和她的团队致力于运用先进的生物治疗技术，为疑难病症、罕见病寻找有效治疗方法。

生物治疗技术有何优势？马洁介绍，生物治疗技术与传统方法的一大不同，是采用生物制剂这种"活的药物"。具有生物活性的药剂，能激活人体免疫防御系统，从根本上改变细胞的生长与生存环境。生物治疗技术与传统治疗相结合，可降低负面反应，综合提高疗效。

"科学成果和治疗理念，需要转化为具体技术，才能直接造福患者。"马洁介绍，团队在打通基础医学和临床需求方面倾注了大量心力。"虽然我们是临床科室，但大家超过一半的精力都投入到了科研工作中；而作为一个科研团队，成员又持续从事临床治疗、临床管理，所研究的问题也都来自临床。"马洁说，科研和临床深度融合，使她的团队能够及时捕捉医学前沿进展，并将医生、患者的需求紧密结合起来。

许晶在团队中主要负责临床治疗和管理，同时承担转化研究任务。她说，马洁对团队的科研"嗅觉"和科研能力提出了非常严格的要求。任务再繁重，团队也会定期举行报告会，要求每个人报告各自掌握的学科前沿成果，督促大家不断更新知识。"我有篇论文正在写，前后修改了十几遍。从选题、论证到语言表达，马洁主任都给予了很细致的指导。"许晶说，"一次次对照原稿和改稿，让我收获很多。"除了学界前沿成果，团队也大量吸收来自临床一线的需求与反馈。团队成员刘彩霞具有10多年临床研究管理经验。她说："我们建设了伴随诊断实验室，用于获取有关患者针对特定治疗药物的治疗反应的信息。通过持续跟踪受试者病程进展、分析原因，深化对机制机理的理解。"

不断学习新知、不断吸收反馈，从而不断取得突破。这支成立于2017年的年轻团队已经取得不少成绩。2023年，他们在纳米药物研制、肿瘤标志物等方面取得多项成果，并在具备国际高影响力的期刊上发表了相关文章。科研成果也持续转化落地，变成一项项具体的诊疗技术：生物治疗中心提供的免疫细胞治疗手段，目前应用于肺癌、肝癌、食管癌、肾癌等实体肿瘤治疗，疗效显著；干细胞疗法在心血管疾病、糖尿病、骨关节炎、自身免疫病和神经系统疾病等病理修复中具有良好效果……

当前，这支团队在继续捕捉和攻关新难题……马洁说："没有最好，只有更好，新的课题和挑战会不断涌现，绝对不能固步自封。只有不断学习，不断实践，才能实现我们的目标：努力用最先进的技术造福患者。"

（沈童睿　《人民日报》2024 年 1 月 2 日第 6 版）

给飞行器"瘦身"

1克，有多重？

日常生活中的事物可以给出答案：约为一个纽扣、一根塑料吸管，或者一粒花生米的重量。然而，对航空航天领域科技工作者而言，1克重量，或许意味着要用一生去探索。

1克，对动辄以吨计的飞行器，真的那么重要吗？

提运力、降能耗、减成本，就像钱学森先生曾说过的："航天器一个零件减少一克重量都是贡献。"

20多年前，35岁的张卫红辞去国外高校终身教职，重返母校西北工业大学，投身祖国航空航天事业。当年的青年学者，如今已近花甲之年，并成为中国科学院院士。张卫红培养的西北工业大学空天结构技术创新攻坚团队，多年来潜心钻研"飞行器轻量化"，有力支撑了我国空天科技发展。

他带领的团队，更是朝气蓬勃——187名成员中，80后、90后是绝对主力，35岁以下青年超过90%。所有人，都奔着一件事——"为减轻每一克重量而奋斗"。

—

时光的指针，拨回到1999年。18岁的朱继宏正读高三，在保送择校时，他早就有了主意："去西工大，当科学家！"

这位朝气蓬勃、志向远大的大学生，让刚回国不久的张卫红颇为欣慰。在他的悉心栽培下，朱继宏硕士毕业后赴欧深造，继续钻研航空航天工程，学成回国，加入导师团队。

一个盛夏傍晚，张卫红接到电话：南方一家研究所研制的某型号飞机，需重新设计机翼结构。他打量了一圈团队成员，决定派朱继宏、谷小军前去支援。"年轻人嘛，要多锻炼。大胆试、大胆闯，我对你们有信心！"

那时，朱继宏是青年教师，刚到而立之年，而谷小军还在读硕士研究生，缺乏实战经验。第一次接到这么重要的任务，两个年轻人既兴奋又期待，坐着火车一路南下。

南方的盛夏，溽热难当。因为研究所搬家，临时办公室安排在旧仓库里，头顶的大风扇吱呀作响，仍然驱赶不走成群的蚊虫与滚滚的热浪。两人提着行李刚到，顾不上条件简陋，迅即投入"战斗"。

"设计机翼结构，得跨过'模型处理、网格划分、载荷评估'这'三座大山'。"在朱继宏看来，前期建模尤其难，"就跟盖房子一样，要是有一根木桩没搭好，房子就塌了。"

两人早出晚归，忙活了半个多月，却一直进展不大。深夜，月朗星稀，办公室旁的小河上映着月光，微风拂过，波光粼粼。"眼看着水面上的月牙'长'成了满月，可咱们的设计任务什么时候才能完成？"谷小军耷拉着脑袋，有些泄气。

朱继宏也不多言，小声鼓励："咱们再加把劲！"

功夫不负有心人。几天后，两个年轻人攻克关键节点，思路立马顺畅了许多。紧接着又苦战了两个月，终于出色地完成了设计任务，让机翼成功减重近百公斤。

从夏到秋，凉意驱赶了暑热，谷小军感觉自己仿佛经历了一场"蜕变"。

在攻坚中接受历练，团队里的年轻人，就这样一步步成长。

一次，某大型运载火箭需要"一箭多星"方案——即设计一种合适结构，把几颗卫星支起来。张卫红带领团队里的年轻人，埋头设计了几个月。

"当时，有几公斤的重量，怎么也减不下来；几赫兹的频率，怎么也提不上去……"参与攻关的谷小军记忆犹新。有一天，大伙儿正苦思冥想，有人突然灵光一闪："谁规定，卫星的位置必须一成不变？要不，咱给卫星'挪挪窝儿'，跟随结构一起设计？"

大家都觉得眼前一亮，可以试一试！公式推导、方程求解……一番论证后，卫星找到了合适的"新家"。

"重量减了下来，频率提了上去，整体结构高效顺畅！"朱继宏兴奋极了，"这看似简单的'协同优化'设计思路，是在多少个通宵达旦后，才换来的灵光一闪啊。"

如今，朱继宏已担任博士研究生导师多年，正为祖国培养更多的青年才俊。谷小军也已成为副教授，是团队里的中坚力量。

二

给飞行器"瘦身"，创新设计是关键，先进制造是保证。团队里的85后青年科技工作者杨昀，钻研的正是"把设计图纸变成现实"。

"在空天制造领域，零件有两个特点：轻薄、整体化高。"杨昀介绍，"轻薄自不用说，整体化高可减少连接件的数量。归根结底，都是为了'减重'考量。"

不过，薄壁整体件制造难度很大——尺寸大、易振动、加工效率低。有一次，一家制造厂加工飞机某零件，因为形状不规则，最薄处仅3毫米，一个零件加工下来，用了35天。

"病因"在哪儿？杨昀带着几名学生，开始"查体"。"为掌握机床、刀具、原材料等的特性，我们需要采集各类参数。"杨昀记得，仅机床的参数，就反复测量了上千次。

3个月后，"药方"开出——师生新建的力学模型，优化了工艺，提高了加工效率。"如今加工零件，只要15天。"杨昀兴奋地说。

日常科研，并不总是一帆风顺。此前一段"卡壳"的经历，让杨昀至今难忘。

那是一个航空零件，加工时材料容易变形。团队里的年轻人反复尝试，变形误差范围仍超出0.1毫米。

这还不算，最让人头疼的是——加工零件时，用同一个计算模型、同一套加工参数、同一套加工工艺，每次的变形幅度都不一样。

"咋回事儿？"实验室里，师生面面相觑，百思不得其解。

杨昀决定请教导师张卫红。过了一天，导师打来电话："你们建的力学模型中，可能有一项参数并不是固定值。"

一语惊醒梦中人。杨昀带着学生一一排查，发现问题可能出在毛坯原材料的参数上。

"每次加工，都用同一种原料，来自同一个厂家。我们就想当然地以为，这项参数是固定值。"杨昀解释道，实际上每批次的毛坯料，力学性能都可能有波动。"于是，我们把固定参数，替换成了数值区间。找准'病灶'，模型很快得到优化。"

这些年来，导师的渊博学识和扎实功底，杨昀已多次领教。最让他感佩的，是老一辈科研工作者的勤奋敬业、一丝不苟。

一次，张卫红出差回来，把论文修改意见递给杨昀——那是航班上的一个清洁袋，上面写满了密密麻麻的公式。原来飞机上找不到纸，张卫红便就地取材，出差途中的点滴时光，都不肯浪费。

杨昀也秉承了老师的认真劲儿，他常常和年轻学生们一起做研究，在制造厂里蹲点调研，在实验室里忙到深夜。

三

浩瀚苍穹中，卫星的天线与太阳能电池板，犹如一把"伞"，徐徐打开。在奔向遥远的星辰大海时，"伞"越撑越大。为给卫星"瘦身"，这把"大伞"不配备传统驱动装置，仅靠一种智能材料便能自动展开。

这幅图景，34岁的张亚辉设想过无数次。"空天结构团队"里的这位青年科技工作者，多年来研究"空天智能变体结构"——尝试在创新设计、先进制造等"飞行器瘦身攻略"之外，探索一种"更遥远的未来"。

不用外力，自动变形。什么材料，这么神奇？

"它叫形状记忆合金，能'记住'自己原来的模样。当温度改变时，它会根据需求，主动改变形状与强度。"张亚辉说，"我天天打交道的就是这种合金，知道它刚柔并济，'记忆'超群。"

2021年秋天，张亚辉在《智能材料与结构》选修课上，介绍了这类合金的应用场景。他鼓励学生大胆设想："你们负责设想，我负责帮你们实现。"

大三学生陈禹丞的"金点子"，让张亚辉感叹后生可畏。

"卫星的天线或电池板，能否用智能材料，做成扇子形状？"这个00后小伙子思路活跃，"扇子'展开比'很大，收起来很小，又轻又方便"。

"在太空展开一把扇子，这个想法很新颖！"得到老师肯定，陈禹丞很受鼓舞，他一头钻进实验室里，查资料、测数据、设计方案……

几个月的努力，换来了初步方案。方案交给老师后，陈禹丞满心欢喜。不料张亚辉一针见血地指出：方案"好看"，但不够实用，"上天的东西，不能忘记'轻量化'的初衷，要'死抠'每一克重量"。

大胆设想，小心求证，老师的教导，陈禹丞心悦诚服。

又经过两年的探索，陈禹丞的"金点子"迈出了实验室原理样机的第一步：这种超轻量化装置，自主展开近 1 米时，所用的驱动材料仅重 1.6 克，相关专利申请已被授权。新的学期，陈禹丞继续攻读硕士学位。朝气蓬勃的"空天结构团队"里，又多了一名 00 后青年才俊。

自 2008 年进入西北工业大学后，张亚辉 15 年来潜心科研，记录实验数据的电脑文件越来越多。

就像数据的点滴聚垒，"空天结构团队"里，每一位成员用科研热情聚垒成了靓丽的"青春图景"。这些年来，团队先后获得国家自然科学奖、国家技术发明奖，今年还获评"中国青年五四奖章集体"。

梦，在云霄之上，在星辰大海。"轻量化，是飞行器永恒的追求"，"空天结构团队"逐梦的步伐，将永不停歇……

（高炳　《人民日报》2023 年 9 月 13 日第 20 版）

以实干支撑中国制造、中国创造，用创新诠释奋斗之美——

练就一技之长　绽放精彩人生

勤学苦练

"每一个微小的误差，都可能导致不能承受的损失"

炎炎夏日，中国宣纸股份有限公司的捞纸车间内，捞纸工周东红正忙碌着。"一帘水靠身，二帘水破心。"在周东红和搭档行云流水的配合下，捞纸帘在纸浆池中来回晃动，纸浆很快成型为一张湿润的宣纸。

在宣纸生产过程中，捞纸是一道十分关键的工序，技术含量非常高。捞纸一般需由两名师傅共同完成，一人负责掌帘、一人协助抬帘，从纸浆里捞出有形的纸张来。

"别看捞纸动作简单，里面的门道却不少。每捞一张宣纸，纸浆池里的纸浆浓度都会发生改变，下水深度、动作姿势也得随之进行细微的调整。"周东红介绍，"要想确保每张宣纸的厚薄、重量一致，手上就得有秤一样的分量感。"从业 30 多年，周东红练就了扎实的基本功，经他捞的纸，每 100 张宣纸的平均重量误差仅为 2 克左右，长时间保持成品率近 100% 的纪录。

"要做好一件事，就必须勤学苦练。"这是周东红常挂嘴边的一句话。起初，周东红捞出来的纸厚薄不均，成品率很难达到要求。凭着一股不服输的劲儿，周东红坚持早上岗、晚下班，仔细观察优秀的老师傅如何操作，揣摩动作要领。由于长期和纸浆打交道，周东红的双手在天寒时易长冻疮，只能靠涂抹药膏缓解。

抬手、弯腰、转步……在捞纸车间，周东红平均每天需要重复这一套动作 1000 次以上。"一开始干这行是为了生计，但后来对这门传统手艺有了感情，我就想踏踏实实干下去，传承好这门技艺。"周东红说。

勤学苦练是成为一名大国工匠的必经之路，背后离不开长期的坚持与奋斗的汗水，中国商飞上海飞机制造有限公司飞机装配工周琦炜对此深有感触。

大型客机制造是一个国家工业、科技水平的集中体现。然而由于空间限制等原因，飞机的电缆和电气组件都需要手工装配完成。国产大飞机 C919 约有 7 万根航空线缆，分布在飞机的机头、机身、机翼、尾翼等区域，总长加起来近 100 公里，周琦炜的工作就是把它们精准地安装到位。

布线、端接、组装……极狭小的空间内，他一干就是数小时。从 ARJ21 飞机到 C919 大型客机的研制取证、批产交付，周琦炜每天面对的是数不清的电缆、接头、控制器。为了练精技艺，他经常留在车间加班钻研，逐步掌握了工作所需的所有专业技能。

2008 年，周琦炜跟随团队来到西安市阎良区，参与 ARJ21 飞机试验试飞保障与测试工作。相比上海的总装生产线，外场工作必须争分夺秒，在极端天气出现时抓紧测试。这样的时间窗口期一年可能只有一周，甚至只是一天里面的几十分钟。

在参与 ARJ21 自然结冰试验时，周琦炜在一天夜里接到了紧急任务。为了保障第二天飞机能够顺利飞行，他和团队从凌晨 1 点就开始工作。接近零下 20 摄氏度的机坪，飞机外表面每一个部位都是冰冷的。为了精准敷设电缆，周琦炜果断脱下厚重的手套、外套、帽子，进入狭小的作业区域，开始划线定位，对圆孔进行打磨。手冻得没有知觉了，就暖一暖再投入工作。平日机库内 30 分钟的工作量，在艰苦环境下用了好几个小时。因为严寒，周琦炜的手出现了较为严重的冻伤症状，但他忍着疼痛顺利地完成了试验。"我们的工作关系着乘客的生命安全，必须要做好。"周琦炜说。

挑战自我、精益求精、追求极致。工作 20 多年来，中国科学院深海科学与工程研究所工程实验室高级技师周皓，靠着这种精神，创造了中国深海科考多项纪录。

深海科研装备对材料、加工精度的要求很高，必须保证"零差错"。"每一个微小的误差，都可能导致不能承受的损失。"周皓说。

为了锤炼技艺，周皓向老技工学技巧、看书找方法，把每一项看似简单的技巧都练习了上万遍。"从最初练一会儿手上就磨出水泡，到后来手上形成了一层厚厚的老茧。"周皓回忆。最终，他熟练掌握了车、铣、镗、刨、磨、焊等多种机床的操作、维修和零部件加工制造技术，很快成长为厂里的生产技术骨干。

三次随"探索一号"科考船远赴马里亚纳海沟科考经历中，让周皓印象最深刻的是 2017 年 7 月的科考。那年正赶上冬季太平洋的台风季，科考船刚抵达作业区，便遇上大风浪，已经准备完毕的 43 套海底地震仪全部受损。这些地震仪是科考任务的关键设备，决定着科考成败，可船上没有专业维修设备和可更换的零部件，怎么办？

周皓忍住晕船的不适，开始了仔细的研究。他发现，用来包装海底地震仪的 15 块塑料垫板，可以暂时代替受损仪器上的特种塑料，而船舱中用来防水的尼龙板，可以代替玻璃纤维修复受损的抛载器。经过 26 个小时的连续工作，周皓在第二天凌晨 5 时把 43 套地震仪全部修复完毕，为保障科考顺利进行发挥了重要作用。

敢为人先

"一连试验了数千次，有初步结论时才发现天已经亮了"

上料、耐压试验、通电检定、下料……在国网浙江省电力有限公司电能表自动化检定车间内，流水线上的电能表正井然有序地通过各个检定装置，标记合格后，下线入库。如今，自动化系统人均日检 5400 块电表，如果是人工检定，一人一天最多只能检定 80 块电表。

"过去的检定工作很辛苦。"高级技师黄金娟比画了一下自己的手指，由于之前大量重复性工作，现在每当洗衣服、拧干衣物时，手指关节都会疼。

1984 年，20 岁的黄金娟从浙西电力技术学校毕业后，开始从事电能表的实验室计量检定工作。那时，她需要站在密密麻麻的接线前，一刻不停地盯着刻度与报表，快速校验比对，再将电能表与接线连接、检定。

"人工检定劳累不说，高强度的工作也很难实现万无一失。"黄金娟说，传统检定方式逐渐无法适应日益增长的检定需求。

2007 年，黄金娟提出了电能表检定"机器换人"的思路。可是，电能表检定操作繁杂，用机器代替人工将带来检定质量难以控制、过程监控不到位等诸多风险，国内外都没有先例。她的想法在很多人看来不切实际。

"我向厂家招手，厂家向我摇头。"黄金娟在全国各地寻求合作，却遭到制造商的拒绝。无奈之下，她决定自己研制全套电能表自动化检定系统。

争取到科研立项后，黄金娟便开始了实验室、办公室、住所三点一线的工作和生活，通宵分析、测算、试验是常有的事。

2008年，在开展电能表自动化检定技术攻关时，研发团队的同事们下班后就到黄金娟家里集合，在半张乒乓球桌上做试验。"有一次，为了获取自动拆接线的气缸最佳推力值，一连试验了数千次，有初步结论时才发现天已经亮了。"黄金娟说。

终于，黄金娟用了6年时间潜心钻研，迭代三代产品，提出了最佳拆接线模型方案，解决了电能表自动拆接线难题。拆接线作业时间由传统人工所需的45分钟缩短到2秒钟。

2012年，黄金娟带领团队研制出国内首套能大规模作业的电能表智能化计量检定系统，并在浙江投入运行。2017年，她作为主要完成人的电能表智能化计量检定技术与应用项目荣获国家科技进步奖二等奖。

根据生产一线需要展开研发，大国工匠在不同岗位上书写着一篇篇动人的创新故事。

粗糙的手上贴着创可贴，指甲缝里是洗不掉的黑色机油，中国石油西部钻探公司首席技师谭文波都不太好意思跟人握手："天天跟铁疙瘩打交道，一不小心就会割出一个口子，沾上机油更是难免。"

然而，就在这样一双手中，产生了8项国家发明专利、11项实用新型专利，其中，具有自主知识产权的新型桥塞坐封工具是他最满意的作品。

传统的电缆桥塞坐封，很长一段时间需要从国外引进，价格贵不说，由于工具依靠内部的火药燃烧产生动力，存在安全隐患。

为了改变这一现状，谭文波提出用电动液压替代火药作为动力的想法，这就需要重新设计一套传动装置。

说干就干。近4个月的钻研后，谭文波手工焊制出第一个工具样机。接下来要面对的是研究过程中最重要也是最危险的环节——动力测试。

设备的密封甚至可能出现问题，随着压力的增加，便会发生泄漏，甚至可能发生闪爆，后果不堪设想……试验之前，谭文波叮嘱同事："里面情况不对就赶紧拨打120……"

装置启动，30兆帕、50兆帕、70兆帕……当压力达到80兆帕时，装置没有出现问题，测试成功了！谭文波用颤抖的手将数据一一记录到随身携带的本子上。

2013年6月1日，完善后的样机第一次上井并获得成功，新型桥塞坐封工具被研发出来。目前这项技术在新疆油田桥塞封闭作业中已被应用已超过3700井次。

今年，中国石化"深地一号"跃进3—3XC井开钻，深入地下9000米，刷新亚洲最深井纪录。"很多工具在8000米以下就无法使用了，向万米进军，需要克服高温、高压等难题。"谭文波说，他已经开始了新的挑战，目前正在研究200摄氏度以上温度、170兆帕以上压力环境下工具的相关技术问题……

传承精神

"师傅手把手地一遍一遍帮我找手感，纠正动作，总结经验"

夜幕降临，国网浙江省电力有限公司电能表自动化检定实验室内依旧灯火通明，黄金娟带领着"黄金娟劳模创新工作室"的 19 名成员，正在攻关一个技术难题。

"2004 年我刚到单位报到时，黄老师就让我们去基层一线锻炼，每过一段时间就来问我们有没有从实践中发现问题。"工作室成员、徒弟严华江说，这段经历让刚走出校门的他对电力行业有了更深的体会，成长得也更快。

至今，严华江还保留了黄金娟送他的一个笔记本，上面有很多专业英文术语，密密麻麻地写满了中文注释。"笔记里的内容都是黄老师一点点摸索着自学出来的经验。"严华江说。

同时，黄金娟也不忘将自己的经验总结梳理出来，分享给更多人。她牵头建立电力计量管理体系，出版《电力计量集约化创新与实践》等 4 部专著，取得了智能化检定系统、智能化计量仓储系统等实用化成果 20 余项，形成系列技术标准 11 项。

"通过各种形式将自己的技术成果公开，黄老师将多年的技术经验毫无保留地传授给我们这些年轻人。"严华江说。

在将自己的绝技绝活传授给年轻人的同时，大国工匠们也在用实际行动传递着工匠精神，激励更多年轻人走上技能成才、技能报国之路。"作为一名工匠，不光自己要练好硬功夫，还要把技术和经验传授给年轻人，让传统技艺后继有人、发扬光大。"深耕生产一线 30 多年，如今周东红心心念念的，便是让更多年轻人掌握宣纸的制作工艺，吸引更多人加入到宣纸技艺的传承保护中来。

"起初我的动作不标准，师傅手把手地一遍一遍帮我找手感，纠正动作，总结经验。"捞纸工王涔是周东红的徒弟，学艺时的经历令他印象深刻。王涔说，师傅在传授技艺时虽然标准很高，但总是耐心有加地鼓励、毫无保留地答疑解惑。在周东红的悉心指导下，王涔的技术日益提高，如今已经成长为一名熟练的捞纸工。

"培养一个能独立工作的技工，最少需要 8 个月的时间，要培养一个成熟的捞纸工，可能需要 5 年以上。不仅带徒周期长，而且带徒期间成品率也容易降低，所以一般的捞纸师傅是不愿意带学徒的。"但周东红并不计较这些，总是尽力做好"传帮带"。这些年他带出的徒弟们，捞纸的产品质量都排在前列。

近些年，越来越多人表现出了对宣纸的关注和喜爱，周东红对此深感振奋。在做好本职工作之余，他也担负起更多的社会责任。在宣纸文化园向参观者讲解宣纸制作过程、参与录制科普类视频、到各大高校推广宣纸文化……虽然步履匆匆，但周东红十分充实快乐："我会尽我所能肩负起展示传统技艺、培养技能人才的责任，把我们的传统文化弘扬好、传承好。"

（吴凯、沈文敏、李亚楠、刘博通、窦皓、孙海天

《人民日报》2023 年 8 月 4 日第 6 版）

发力高端装备 打造更多国之重器

"开工！"1月30日，陕西西安，航空工业西飞机翼装配厂生产现场，60多名职工紧张忙碌，长约17米的C919大飞机机翼正在组装。

"大伙儿干劲十足，我们全面掌握了大飞机机翼数字化制造技术，实现了从跟跑向领跑的转变。"航空工业西飞机翼装配厂厂长王超说。

"成功！"1月10日，广西玉林，柳钢中金不锈钢有限公司内，由中国重型机械研究院研制的二十辊不锈钢冷轧机组，成功完成冷联动试车。

"这是国产'手撕钢'装备的又一次落地应用。"国机重装中国重型院板带轧制装备研究所负责人刘云飞说，预计今年内设备将正式投产。

装备制造业是国之重器，是实体经济的重要组成部分。高端装备产业，是指具备技术含量高、附加值高、数字化程度高等特点的装备产业，包括民用航空航天装备、高端能源装备、智能制造装备等。近年来，我国在高端装备领域有何新进展？今后如何发展？记者进行了采访。

大国重器接连问世
规模质量稳步提升，关键领域不断突破

日前，国家统计局发布数据：2022年，装备制造业利润比上年增长1.7%，占规上工业的比重为34.3%，比上年提高2个百分点。其中，铁

路船舶航空航天运输设备行业利润比上年增长 44.5%；电气机械行业利润增长 31.2%，是拉动工业利润增长最多的制造业行业。

亚洲第一深水导管架平台"海基一号"正式投用，国内首台完全自主知识产权的 F 级 50 兆瓦重型燃气轮机成功发运，世界首台桩梁一体造桥机"共工号"、全球单机容量最大 16 兆瓦海上风电机组顺利下线……2022 年，高端装备产业在不少关键领域实现突破，规模持续扩大，质量能级不断提升。

——攻坚克难，大型客机技术支撑不断加强。

2022 年，C919 大型客机成功交付，"鲲龙"AG600M 灭火机惊艳亮相，我国在航空运输设备领域奋勇攀登。

大型客机的研制，代表了一个国家在大型装备制造领域的综合能力。比如，一般大型客机都拥有一对纤长优美的机翼，是机上最复杂的机体结构件，考验着民机结构件柔性制造的能力。"我们承担了C919 大型客机翼盒、襟翼、副翼、缝翼、中机身等 5 个工作包的装配工作，占 C919 机体结构的 50% 以上。"王超说，为了给国产大飞机插上"中国翼"，航空工业西飞先后突破 200 多项技术难题。

——追求绿色，高端能源装备更加自主可控。

作为核电汽轮机组的"心脏"，转子在工作时高速旋转，要承受巨大的离心力、扭转力。如何确保转子高强高韧，是个难题。"我们从 2012 年就开始相关研究，不断试验原材料化学成分，探索加工工艺。"国机重装二重装备副总工程师沈国劬说。

2022 年 11 月，国内首件 Ni3 型核电汽轮机自主化低压焊接转子锻件通过行业鉴定。"这标志着我们成功实现了'华龙一号'核电汽轮机组'心脏'——全系列材料焊接转子锻件的国产化制造。"沈国劬说，这对实现我国三代核电技术装备自主可控和国产化，带动核电技术"走出去"具有重要意义。

——发力智能制造，成套装备屡添重器。

"手撕钢"，薄如蝉翼，却耐腐蚀、耐潮、耐光、耐热。"生产手撕钢，难度不在薄，关键要又薄又宽。机组所有的零部件，无论软硬件，都需要我们自主研发。"刘云飞说。

2022 年，国机重装中国重型院研制的成套冷轧机组，成功轧制出厚度为 0.03 毫米、宽度为 720 毫米的手撕钢，在国内首次实现超宽幅极薄不锈钢带的稳定轧制。

向中高端迈进
提升自主创新能力，持续突破技术瓶颈

"每一项重大民机航空装备的研制，都需要攻克数以百计、千计的关键技术，形成一大批创新成果，并向外辐射和溢出，牵引相关制造业形成革命性突破。"航空工业集团有关负责人说。

"机床的能力，决定了加工的精度，也决定了成套装备的成败。只有提升机床的性能，才可能实现航空发动机涡轮盘、叶片，或船用重型曲轴等关键、核心零部件的自主可控。"中国机械工业联合会执行副会长罗俊杰表示。

采访中，不少企业和专家表示，高端装备往往处于产业链供应链的关键环节，具有很强的产业辐射、促进作用。整体看，我国装备制造业处在向中高端迈进的关键时期，仍须加大投入、奋力攻坚，特别是要在提升创新能力、夯实产业基础、改善发展环境等方面发力。

提升基础元器件、基础材料供给水平。"以核电汽轮机的转子为例，想实现突破，第一步要先攻克'材料关'。只有化学成分配比确定，才能开展下一步的生产。"沈国劬说。

"近年来，全社会对产业基础的重视程度、支持力度持续加大，我国产业基础能力加速突破势头正在形成。"罗俊杰认为，今后还要在基础元器件和基础材料的研发生产上下足功夫，以进一步提升高端装备的产品性能、稳定性、可靠性。

增强软件能力。随着新一代信息技术的发展，几乎所有高端装备都是软硬件结合的产物。近年来，我国企业先后攻克全数字化高速高精运动控制、多轴联动等核心技术，一批五轴龙门镗铣加工中心在重点领域实现工程化应用。"我国传统制造企业在软件方面的能力仍有待提升，未来还需要在操作系统、工业软件等方面迎头赶上。"罗俊杰说。

创新布局亟待优化。"我国工业制造在学科基础、技术基础、产业基础等方面仍缺乏有效互动，设计、制造、测试、保障等环节发展不均衡，工具支持、人才支撑仍不够完善。接下来，需要更好衔接创新链与产业链，打造创新体系，切实提升研发能力。"罗俊杰说。

坚持创新研发
各方协同发力，推动高端装备做优做强做大

2月1日下午，西安阎良机场，大型水陆两栖飞机"鲲龙"AG600M（1003架）机顺利完成农历兔年首次试飞。

"AG600M是完全由我国自主研制、主要系统国产化率达到

100% 的大型水陆两栖飞机，彰显了我国核心关键技术自主研发的实力。"AG600 总设计师黄领才说，今年公司将推动 AG600M 完成表明符合性试飞，使其通过整机和各个子系统的一系列试验，真正具备执行灭火任务能力。

国机重装今年将全面推进 630 摄氏度超超临界机组汽轮机转子锻件的研制工作。"该锻件所需的耐热钢，从材料设计到冶炼、锻造、热处理都充满挑战。"沈国劼表示，目前，这种锻件在全球范围内还没有成功的工程化量产案例，"我们要努力争当第一人"。

采访中，不少企业和专家表示，推动高端装备做优做强做大，既要企业持之以恒地加强创新，也离不开相关方面的大力支持。

推动共性技术突破。"目前，高端装备遇到的'卡脖子'难题，靠一家企业往往难以突破，需要相关方面牵头，共同攻关。"罗俊杰建议，政府部门聚焦共性技术，牵头组建联合体，共同开展核心重大技术及关键零部件研究，为行业发展夯实基础。

加强财税金融支持。"高端装备的研发耗时长、成本高，建议充分发挥产业基金杠杆作用，引导各类社会资金聚焦企业创新活动。"罗俊杰说，例如鼓励商业银行围绕重点方向加大信贷投放力度，设计专属金融服务产品；鼓励企业探索供应链金融、设备融资租赁等产融结合新模式等。

（李心萍、邱超奕《人民日报》2023 年 2 月 8 日第 18 版）

"奋斗者"号载人潜水器总设计师叶聪——

"蛟龙"潜深海 "勇士"写精彩

"蛟龙"号是我国首台自行设计、自主集成研制的 7000 米级载人潜水器，"深海勇士"号是我国首台自主研发的 4500 米级载人潜水器，国产化率达到 95%，"奋斗者"号是我国首台完全自主研发的全海深载人潜水器，它们为我国深海科学探索立下赫赫勋功。

这三个大国重器背后，有一个共同的名字——叶聪。

他是我国"蛟龙"号载人潜水器主任设计师兼首席潜航员、"深海勇士"号载人潜水器副总设计师、"奋斗者"号载人潜水器总设计师，中国船舶集团有限公司第七〇二研究所副所长，先后获得"国家科技进步奖一等奖""载人深潜英雄""改革先锋"等荣誉称号，是我国深海装备事业及深海载人潜水器技术领军人物。

只有潜水器设计师真正下潜到海底，才能深刻理解下潜的"乘客"最担心和需要什么

提起叶聪，人们对他的印象不仅是载人潜水器设计师，还是一名优秀的潜航员。在"蛟龙"号为期 4 年海试共计 51 次的下潜中，他曾 38 次担任下潜的主驾驶。"蛟龙"号首次突破 1000 米、3000 米、5000

米和 7000 米深度，都是在叶聪驾驶下完成的。

"我的本职工作是深海装备研发和载人潜水器总体设计。做潜航员的经历帮助我更好地设计研发潜水器。就像飞机的试飞员，设备在交付用户前自己先试一试。"叶聪说。

叶聪认为，一位潜水器设计师真正下潜到海底，才能深刻理解下潜的"乘客"最担心和需要什么。唯有亲自置身于直径 2 米多的狭小舱内，才能知道哪种设计让"乘客"更舒适，让"司机"操作更便利，让整个深潜航行更安全。

回到岸上，叶聪的工作是设计好潜水器。

"蛟龙"号实现我国大深度载人潜水器从无到有的突破，"深海勇士"号形成自主可控的深潜技术链条和产业链条，"奋斗者"号成功挑战地球海洋最深处，这些成绩离不开中国载人深潜团队和叶聪二十年如一日的辛勤付出。这 20 年间，从主任设计师成长为副总设计师、总设计师，叶聪深感责任重大，不断化压力为动力。

"潜水器总设计师的职责是做出正确的决定，让潜水器研发团队有效运转。"叶聪说。他不仅要统筹好各系统，严格把好质量关，协调数十家参研单位的进度，还要负责科研难点的攻关，防范化解各类风险。

深海设备的全生命周期是叶聪最关心的部分。潜水器因什么目的诞生、具备何种能力、满足用户哪些需求、怎样长期维修保障……叶聪脑子里不停转动的，就是研制出"生命力"更强、使用体验更好、可持续运营的载人潜水器。

评价一台潜水器，不是只有下潜深度一个指标。叶聪说，当前整个潜水器研发团队的工作重点，已经由追求深度转向对应用场景的持续拓展。他举例说，载人潜水器除了为深海科考服务，在旅游观光、规模养殖、珊瑚修复等领域都能大显身手，这促使团队做更多探索。

"常年在一线，我深切地感受到国家对建设海洋强国的决心，以及全民海洋意识的提升。"叶聪说，几十年前，许多人觉得载人深潜是异想天开。如今，许多人走近深潜、了解深潜。"能赶上好时代，为载人深潜贡献一份力量，我非常幸运。"

从下潜 600 米到最大纪录载人深潜突破万米，我国潜水器实现跨越发展

叶聪作为主驾驶，经常带领科学家下潜。

有一次，他和自然资源部第二海洋研究所的陶春辉研究员一起下潜，目标是寻找一处仅在地图上听说过的海底热液活动区。海底境况异常复杂，几经寻觅，终于在 3000 米海深处跟随一条鱼找到了热液区，实现重要科研突破。这条鱼后来被他们戏称为带路的"村长"。

"我是海洋科学的门外汉。在听到科学家有关深海科学的学术报告后，我深刻地认识到，帮助科学家进入深海，帮助他们现场取得样本和数据，是一件多么必要的事情。"叶聪说，他也从中感到了深潜职业带来的满足感。

从下潜 600 米到最大纪录载人深潜突破万米，我国潜水器实现跨越发展。作为亲历者，叶聪的最大感触是："载人深潜让我们更明白技术自主可控、自立自强的重要。中国人要把深海关键核心技术牢牢掌握在自己手中。"

在"奋斗者"号的设计和总装集成过程中，叶聪带领团队综合

运用人机工程、可靠性、噪声控制、系统仿真等方法，首次形成了覆盖全海深环境的全系统技术解决方案，具备了载人潜水器谱系化设计能力。

想要造访马里亚纳海沟"挑战者深渊"海底，究竟有多难？叶聪介绍，设备要承受的压力超过 1000 个大气压，相当于每一个手指甲盖大小的面积上要承受约 1 吨的重量。"奋斗者"号载人潜水器载人舱的球壳，就成为最关键的部件，是守护着下潜人员的生命线。面对万米水压，如果球壳沿用原来设计手法和材料，舱体会变得特别重，甚至制造不出来。叶聪带领团队一遍遍推演计算、研究设计图纸，为了制造和检测，走遍大江南北，终于找到最强的材料制造和焊接合作伙伴，攻克了这一技术难题。

不仅如此，高质量定位通信、固体浮力材料、操控系统、通信系统……叶聪团队和参试单位齐心协力，克服种种困难，最终"奋斗者"号实现了在大深度载人深潜技术领域的自立自强。

以后的深潜驾驶操作将变得更加简单，普通人经过培训也能驾驶潜水器

根据传统，每位潜航员从海里返回甲板后，要经历"泼水礼"的仪式。叶聪怀念自己被"泼"的感觉："一大桶冰冰凉凉的海水从头顶浇下来，痛快又舒爽！"

叶聪的微信朋友圈背景是他拍摄的一张海洋风景照。"我喜欢出海，看到茫茫大海、水天一色，感到平静又愉悦。"在他看来，人们对海洋的认识还很少，深海可能蕴含着地球演变、生命起源、气候变

化等重大科学问题的终极答案，还需要人类借助更先进的设备和技术手段去探索。

在早些年下潜中，叶聪不是没有经历过意外和危机。有一次潜水器和母船通信失联了，有一次机械臂油管突然断裂，还有一次遇到大量海底沉积物覆盖……叶聪和团队都冷静处理，最终化险为夷。

"我们不是冒险家，经过多年技术积累和团队努力，可以说，深潜装备是安全和高效的。"叶聪说，家人也从未把他的工作当成是探险，而是尊重他的职业选择，给予最大支持并为之自豪。

自 2001 年从哈尔滨工程大学船舶工程专业毕业后，叶聪就从事潜水器设计工作，并正好赶上"蛟龙"号立项和启动研制，一干潜水器设计便干了 20 年。

"我一直对这份职业抱有新鲜感。每当有机会下潜到大洋深处，看着珊瑚摇曳的曼妙身姿，望着穿梭的神奇深海鱼类……那种滋味妙不可言。"叶聪说。

支撑他的最大动力，是对深潜事业的认同感和荣誉感。去年，我国深海下潜次数已占到了世界下潜次数的一半以上。"能够参与其中，我感到非常荣幸，这成为我前进的动力。"叶聪对我国载人潜水器和深潜技术的发展前景充满期待。

目前，叶聪和团队正在抓紧进行科研攻关，继续提高潜水器的作业能力和智能化水平。"通过更优化的设计，减轻驾驶员的操作负担，以前需要正副两名驾驶员，现在只需要一名驾驶员，留出更多空间给科学家或工程师。我们还希望通过努力，让以后的深潜驾驶操作变得更加简单，普通人在经过简单培训后不仅能下潜，还能驾驶潜水器。"叶聪畅想，"将来或许会有这样一个场景，多台载人潜水器或者无人潜水器一起下水，形成联合作业、优势互补，帮助人类更好认识海洋、保护海洋、利用海洋"。

叶聪说，在载人深潜领域，我们经常提及和推崇的"严谨求实、团结协作、拼搏奉献、勇攀高峰"精神，已经镌刻在他和团队每一个人的心中，他们将全力以赴勇攀深海科技高峰，早日实现更大的深海梦、深潜梦。

（刘诗瑶 《人民日报》2022 年 7 月 11 日第 19 版）

港珠澳大桥总设计师、中国交建副总工程师孟凡超——

与桥梁结缘 40 多年

东连香港，西接珠海和澳门，港珠澳大桥，这座世界上最长的跨海大桥，是世界桥梁建设史上的里程碑。

一桥连三地、天堑变通途。2018 年 10 月 24 日，港珠澳大桥建成通车。这一天对于总设计师孟凡超来说，尤其特别。

15 年耕耘与浇筑，当这项由自己带领团队一笔一画勾勒出的超级工程即将通车时，孟凡超按捺不住的兴奋涌上心头：与桥梁结缘逾 40 年，他见证了我国从"桥梁大国"向"桥梁强国"迈进的历程，"一辈子，为的就是这一天……"

"不先在纸上构思好，施工方就不可能在大地上建起来"

2004 年 2 月，港珠澳大桥的设计任务落到了孟凡超身上，"有压力，很紧张，但要硬着头皮上。"孟凡超说，"设计是工程的灵魂。不先在纸上构思好，施工方就不可能在大地上建起来。"

究竟有多难？从带领团队做可行性研究开始，挑战接踵而至：不能妨碍珠江口航道通行，不得影响香港机场航班起降，要保护好中华白海豚的栖息地，还需协调找到合适登陆点……大桥设计，这些只是所有棘手难题的冰山一角。一般来说，大型桥梁的可行性研究通常为两三年；港珠澳大桥，一做就是 6 年。

为寻找到大桥的绝佳登陆点，孟凡超几乎跑遍了伶仃洋西岸的所有海岛；为兼顾航道和环保要求，孟凡超的设计方案出了一版又一版，最终创新性提出"桥岛隧"综合解决方案。

常志军是港珠澳大桥设计团队中的一员。他告诉记者，那段时间，为抓紧工作，自己每天早早起床，6 点多到了食堂，经过办公区，总能看到孟凡超在忙……很少有人知道，孟凡超时常半夜爬起来工作，经常想起什么就赶紧用笔记下来，甚至接连几天，都住在办公室。

其实，孟凡超明白，港珠澳大桥是一项全球瞩目的重大工程，代表着中国桥梁设计的最高水平，每一张图纸都要做到尽善尽美，为中国人争口气。

伶仃洋海况复杂，全年有效工期仅为 180 天左右。时间紧、任务重，在过去是把原料都拉到现场，开始一段段施工，但这次却面临时间紧、地形复杂等重重挑战。

怎么办？孟凡超琢磨，不如提前把各个构件建好，再到现场统一整合，减少现场工程。为此，他提出大型化、工厂化、标准化、装配化的设计施工思路，即将"桥岛隧"各种大型构件，在工厂高质量完成后，运到海上，像搭积木一样建造。

建设现场，千军万马施工的场面不见了。变浇筑为建造，变建造为制造，建筑垃圾和废物排放减少了，施工精度却提高了。过程中没出现一起安全事故，还创造了多个"第一"。

"建桥不能只为交通运输，还要打造人文景观"

港珠澳大桥总设计师竞争者不少，重任落在孟凡超身上，除了看中他丰富的跨海、跨江大桥建设经验，还有其孜孜不倦的创新精神。

上学时，孟凡超成绩优异，1982 年 7 月，他从重庆建筑工程学院（后并入重庆大学）毕业后被分配到北京，进入交通部公路规划设计院（后更名为中交公路规划设计院）工作。

1982 年 10 月，以实习工程师的身份，孟凡超被派到湖北沙洋汉江公路大桥工地。他带领工人用水下穿岩爆破施工的方式，创造了 38 米沉井技术。在当时，是亚洲第一深度。那一年，他 23 岁。

经过黄石长江大桥等设计的历练，36 岁的孟凡超又主持厦门海沧大桥设计，这是亚洲第一座三跨连续全漂浮悬索桥。"不同的桥梁设计，要运用不同的理念。创新，要贯穿设计始终。"孟凡超感慨。

孟凡超这么说，也这么做。南京长江第三大桥，创建了大型曲线型钢塔设计施工等技术，设计了世界首座曲线型钢塔斜拉桥；武汉阳逻长江大桥，构建了悬索桥钢混组合桥塔结构设计施工等技术；青岛胶州湾跨海大桥，创新了跨海超长桥梁、跨海自锚式悬索桥等技术……

40 多年来，他提出一系列桥梁设计理念，设计的一座座大桥引领行业不断向前。以港珠澳大桥为例，大桥的钢箱梁抗疲劳等关键技术，已在虎门二桥、深中通道、厦门第二东通道跨海大桥等重大工程中推广应用。

除了实用价值，对美学的追求也是孟凡超一直以来的坚持。"建桥不能只为交通运输，还要打造人文景观。"孟凡超向记者介绍，"'风帆'桥塔、'中国结'桥塔、'海豚'桥塔，3 种桥塔，设计语言各不相同，每个都蕴藏着丰富的文化内涵。"许多经他设计的大桥，成为当地旅游的打卡地，化身大江大河大海上亮丽的风景线。

在同事眼中，孟凡超对于极致和完美的追求，有时近乎苛刻。

2009 年，金秀男硕士毕业后加入孟凡超团队，参与港珠澳大桥现场设计。按以往经验，设计钢箱梁桥面板，14 至 16 毫米厚度足够了，孟凡超建议修改到 18 毫米，这一改动意味着相关设计得推倒重来。"这一设计看似保守，可考虑到 120 年设计使用寿命，钢桥面铺装还要铺设，钢桥面板厚一些，确保没有隐患很有必要。"金秀男事后才明白其中的道理。

设计时，遇到不同意见，孟凡超总是与大家一起讨论、分析。"学术争论上没有高低"的轻松氛围调动着年轻人的积极性。申报成果和专利时，他又把年轻人推到前面，"给大家机会，才能激发年轻人的奋斗动力。"

"做事情，只要往对的方向走，总能找到解决办法"

桥在孟凡超生活中的分量极重。他被同事称为"桥痴"，每到一个城市，首先看那儿的桥。

40 多年，设计项目一个接一个，有时一年约 300 天在外出差，在家的时间屈指可数。这些年，妻子多次念叨：希望他陪着家人，去他主持设计的大桥看看，让孩子深入了解一下父亲的工作。但这一愿望，至今没有实现。

2006 年，孟凡超被评为全国工程勘察设计大师；他没有因为荣誉沾沾自喜，而是将此作为献身我国桥梁事业的动力。

我国广大中小跨径桥梁的桥墩多为混凝土结构，未来拆除难度很大。为此，孟凡超力推钢结构，并带领团队设计了80多套通用图，其中一些设计图向全社会开放使用。

创新意味着风险。当年在做港珠澳大桥设计提出新设计施工思路时，有人质疑："孟凡超贪大求洋，我们几十年不都这么走过来了吗？"今天，大型化、工厂化、标准化、装配化成为大型桥梁项目建设的"标配"。

谈及反对的声音，孟凡超轻描淡写："做事情，只要往对的方向走，总能找到解决办法，也终会得到认可。"

如今，年过60，孟凡超总盼望着能做一点补短板的事情……

建跨海大桥需查勘海底地质，长期以来，我国通过"渔船绑钻机式"勘察，效率低，还有安全隐患。为此，孟凡超主持重大科技专项——江海型工程综合勘察船的研发。"未来，我们做地质、水文等分析实验，在这条船上就能完成。"孟凡超说，这将为我国建设"桥梁强国"提供科技支撑。

"只要国家需要，我将奉献毕生经验，为国家再造'大国重器'。"在采访中，孟凡超反复提及："是国家的发展成就了我们自己。只有做出最好的作品，才能无愧于这个时代。"

（喻思南《人民日报》2023 年 8 月 25 日第 6 版）

内蒙古乌兰察布农技专家关慧明，从事农技研发和推广 38 年——

帮农民建大棚　　给蔬菜当医生

"农民朋友好，现在我们是在乌兰察布市察右前旗一位农民的大棚里，可以看到棚里的黄瓜叶子都发蔫儿了。这是因为农家肥上多了，而且没有经过发酵，遇到高温发酵后，造成农作物氨气中毒……"

在短视频里，头发花白的关慧明热情地为农户解答各类技术难题。

"先用小水浇，不让农家肥集中发酵，然后加强放风，同时叶面补充葡萄糖和钙肥，这样经过三四天，便有机会救治好……"关慧明在短视频里给出了他的解决方案。

虽已年过花甲，但作为内蒙古乌兰察布市科学技术事业发展中心的二级推广研究员，关慧明一有时间，就到周边的村庄为当地农民解决农技难题。他还紧跟潮流，把每次遇到的问题拍成短视频，让更多农民学到农技知识。

"我曾说过，要为农民服务一辈子，只要我还干得动，就会信守承诺！"关慧明说。

走遍周边各旗县区，教农民科学种植

关慧明 1962 年出生于大兴安岭深处的内蒙古自治区阿尔山市，

1980 年考入内蒙古农牧学院农学系蔬菜专业。"在学校的后两年，老师让我管理 15 亩试验田，除了上课，我基本吃住都在试验田里。这段经历让我学到了很多，也让我真正对蔬菜种植产生了浓厚兴趣。"关慧明说。

1985 年，关慧明被分配到乌兰察布从事农技服务工作。当时，经费并不充足，他常常自费下乡服务。几年间，他走遍了乌兰察布和周边各旗县区。

上世纪 90 年代初，在清水河县杨家窑乡高家山村，关慧明教当地农民使用丰产沟、旱地覆膜等技术种植土豆和玉米，一待就是大半年。秋收时，他参与指导的 100 多亩丰产沟土豆亩产 6000 多斤，200 多亩旱地覆膜玉米亩产 1400 多斤。"真没想到产量这么高，科学种田让咱大开眼界了。"有村民感叹。

1995 年，在集宁区城郊的一个农户找到关慧明，希望能学习大棚种植。于是，他和村民们吃住在一起，一待就是 3 年。"村民们收入越来越高，很多村民买了三轮车，一多半人盖了新房，感觉自己的付出值得了。"关慧明说。

关慧明也在帮助农民的过程中不断研发新技术。比如他研发了温室大棚前屋面 46 度角的设计，使大棚内温度提高了 10 摄氏度，实现大棚在冬季即使不加温也能依靠阳光培育各类蔬菜。

"年轻时我就跟关老师学技术，30 多年过去了，现在，不管遇到什么难题，关老师还是会来帮我们解决。"50 多岁的集宁区霸王河村村民常建新说。

关慧明和农民们建立了深厚的感情："我学的是蔬菜专业，干的是蔬菜事业，这就要求我必须到农业生产一线去。农民种蔬菜需要啥，我就服务啥!"

研发生态制剂,免费帮农户防治病虫害

关慧明遇到的难题,很多是在当时的技术条件下解决不了的。上世纪90年代初,关慧明发现了一些从未见过的黄色小苍蝇,潜伏在作物叶肉里,极难防治。查询资料后了解到,这是一种新入侵物种——斑潜蝇,但当时国内还没有有效的防治方法。

关慧明到北京等地自费购买了书籍资料和实验材料,在只有25平方米的家里建起了小实验室,桌子、地板、窗台上摆满了各类实验用品。"白天在地里调查病虫害发生情况,晚上回家研究解决办法,第二天再去田间验证。"关慧明说。

1997年,关慧明研制出一款二氧化碳发生器,能促进温室内的蔬菜进行光合作用。随后,他将专利奖励的75万元全部再次投入科研。最终,他研制出针对斑潜蝇的生态制剂与杀虫方法,并获得了专利认证。

2000年,集宁区城郊近千个温室大棚里的黄瓜秧突然打蔫泛黄,关慧明听说后,立刻去现场查看,最终确定是斑潜蝇虫害暴发。

"关老师组织科技人员连夜加工了800多份生态制剂,第二天免费发给大家。一周时间,黄瓜秧恢复了生机,关老师救了全村的秧苗!"常建新说。

2003年,关慧明被评选为全国第一批科技特派员,开始组建自己的科研团队。每年,关慧明团队组织抢救的因遭受自然灾害和病虫害而减产的土地达10余万亩。

"前不久，延安安塞种大棚西红柿的农民通过网络向我求助，我通过传过来的视频发现，当地是受到白粉虱和番茄潜叶蛾的影响，就免费给他们邮寄了相应的制剂。"如今，关慧明时常在线上帮农户解决问题。他还组织乌兰察布市50余名科技特派员成立了科技特派员创业联合会，每年自有知识产权新技术推广面积达15万亩，覆盖了13个省份。

从2万亩到50万亩，带动乌兰察布冷凉蔬菜产业发展

在长期的探索研究中，关慧明发现，乌兰察布高海拔、高纬度、气候冷凉的条件，十分适合在夏季种植甘蓝、洋葱、胡萝卜、西蓝花等蔬菜。"乌兰察布夏季短暂凉爽，昼夜温差大，这样的气候条件对传统农业生产来说可能是劣势，但正好适宜种植喜好冷凉、生长温度在17至25摄氏度的蔬菜。"关慧明说，冷凉地区蔬菜还可以和南方蔬菜错季上市，市场优势明显。

于是，他率先在乌兰察布引进黄皮洋葱新品种，摸索出一套适宜当地的栽培技术，并从外地引进甘蓝、金瓜等在全市推广。

2008年，关慧明提出"开发冷凉资源，发展冷凉蔬菜"的建议，得到了业内专家的支持。他还联系了蔬菜遗传育种专家、中国工程院院士方智远，邀请他到乌兰察布进行冷凉蔬菜新品种新技术的研发推广。2012年，乌兰察布市成立了冷凉蔬菜院士工作站。

"新品种培育周期长、难度大、失败率高。以甘蓝国产化为例，方院士团队从筛选到培育花了七八年时间，然后再由我们到农村去种，让农民看效果。"关慧明说。在方智远院士的带领下，团队攻克了一

个个难关，在培育产量更高、品质更优、抗虫耐旱的冷凉蔬菜品种上下功夫，加快实现冷凉蔬菜良种国产化的步伐。

"之前进口冷凉蔬菜种子，一亩地种子平均价格就得七八百元，如今有了我们自己的种子，比如甘蓝的'中甘628'，一亩地种子只要75元，每亩收入最少3000元。目前我国甘蓝种子国产化率已达80%以上。"关慧明说，下一步，工作站将持续开展胡萝卜、西蓝花的良种培育，争取3—5年实现国产化。

关慧明和团队还积极制定冷凉蔬菜的标准化栽培技术。"比如何时播种、栽苗，何时防虫、防病，用肥多少、怎么用等，免费推广。"关慧明说，云南等地也建立了工作站，只要他有时间，就会到各地去辅导农民。

如今，关慧明带动乌兰察布冷凉蔬菜从2万亩发展到50万亩，冷凉蔬菜现已推广到多个地区种植。"我这一辈子都在农田里，我的技术来自与农民们的一起努力，我要坚持下去！"关慧明说。

（张枨 《人民日报》2023年7月8日第5版）

中国二重万航模锻有限责任公司模锻工、班组长叶林伟——

"精益求精，保证模锻件的绝对可靠"

机器声轰鸣，一座高达42米的模锻压力机前，叶林伟控制操作手柄，让模锻压力机缓缓移动。"今年是我和这座8万吨模锻压力机'亲密接触'的第十一年。"37岁的叶林伟说。

在位于四川德阳的中国第二重型机械集团德阳万航模锻有限责任公司，模锻工、8万吨模锻压力机班班组长叶林伟是厂区里的名人。仅用时1个月就通过考核并获得97分的高分，叶林伟成为8万吨模锻压力机的首位中国操作者，也成为徒弟们心中的榜样。

2012年，8万吨模锻压力机在中国二重建成并投入试运行。这个高达42米，总重量达2.2万吨的"巨人"，液压管道总长达10公里，遍布上千个阀体、管道、油箱、增压器等液压元件，元件间环环相扣，需要操作工精准掌握。而彼时，公司还没有模锻工有过操作经验。

经过选拔，叶林伟从100多名模锻工中脱颖而出，成为6人操作团队成员之一，并跻身候选操作手。面对新型机器，公司迫切需要经验成熟、操作合格的模锻工。于是，叶林伟白天在单位配合调试方开展调试工作，晚上回家又继续埋头"攻克"8万吨液压原理图。"就一点点地抠，仔仔细细地理解。"经过一个月的艰苦努力，叶林伟迅速从"零基础"变身"老工匠"，顺利通过了操作考核，成为中国第一个 8 万吨模锻压力机操作手，并完成了压力机操作界面的定版工作。此时，距他进厂工作不过 3 年。

2006 年，为了追逐儿时的工程梦，叶林伟选择到四川工程职业技术学院学习。"小时候看到国外有很多飞机模型，就想着自己长大以后，也能参与大型飞机和重型工件的制造。"叶林伟回忆，他当时了解到四川工程职业技术学院与中国二重合办了模具设计与制造（锻压方向）专业，于是赶紧报考，并完成了 3 年的专业知识学习，"到 2009 年毕业时，我就投递了一份简历，希望能在二重工作。"

一进公司，叶林伟就来到蒸汽锤锻岗位，跟着师傅开始学习设备操作，学习未接触过的新知识。"师傅技术好，对设备非常熟悉。"叶林伟说。干一行就要爱一行，师傅精益求精的性格对他产生了深远影响。迅速了解设备，熟悉工艺流程，掌握操作技巧，叶林伟很快成长起来。不久，他就赶上一款国产大飞机的结构件试制工作。

从 2012 年起，叶林伟就参与到一个个重大项目中。凭借对 8 万吨模锻压力机液压系统的深入了解，他先后成功压制出了 C919 大飞机主起外筒、机身框梁结构件等代表我国最高水平的大型高端航空模锻件。

"模锻工就是要精益求精，保证模锻件的绝对可靠。"叶林伟认为，模锻工还要善于转化实践中获得的经验，不断优化工艺流程，推动工艺水平提升。为此，他将自己多年的操作经验进行整理，编写了"8 万吨模锻压力机操作手册"等培训教材，供其他模锻工学习和交流。如今，叶林伟已经带出 4 个徒弟，他们都已成为公司生产骨干。

"干这个工作，一方面要精益求精，另一方面要善于琢磨。"谈起工作计划，叶林伟把目标放在了航空模锻件的精密制造上。他组建了工匠工作室，正计划用工作室的机制推动技术攻关，加快锻造的精密化进程。"我们还要继续开展标准化工作，制定工艺通用标准，让新模锻工更快成长起来。"如今，担任 8 万吨模锻压力机大班长的叶林伟，身上又多了一份责任。

（王永战 《人民日报》2023 年 5 月 6 日第 5 版）

三、红心向党　谱写忠诚

　　岁月长河中，功勋荣誉部队官兵敢于斗争、敢于胜利，打出了战史上的赫赫威名；走进新时代，他们的面面战旗依然猎猎飘扬、凝聚力量，激发着子弟兵的昂扬斗志。

海军南昌舰党委忠心向党、向海图强——

砺剑深蓝铸忠诚

深夜，太平洋某海域，海天如墨，大浪滔滔。

中国海军航母编队正组织夜间训练，首次加入航母编队的国产万吨大驱南昌舰担负伴随警戒任务。

凌晨 6 时，突然，两艘外舰趁我编队调整阵位间隙，先后大角度转向，直冲编队而来。

"外舰企图穿越我编队！两进八！"面对突发态势，舰党委当机立断，迅疾提速转向。

"我是中国海军 101 舰，请与我保持安全距离。"一边喊话警告，一边快速机动，南昌舰牢牢卡住阵位，迫使外舰转向远离。

万吨大驱，阔步深蓝。南昌舰党委一班人始终清醒而笃定："人民海军忠于党、舰行万里不迷航。只有锻造一个忠诚于党、坚强有力的战斗集体，才能所向披靡、战无不胜。"

一颗红心永向党

2017 年 6 月的一天，上海某造船厂的接舰大楼会议室内悬挂起一面鲜红的党旗。党旗下，海军南昌舰临时党委召开第一次会议。这一天，我国首艘万吨级驱逐舰南昌舰接舰部队正式组建。

"必须牢记领袖嘱托，坚决听党指挥，励精图强，在维护国家主权、安全、发展利益的航程上不断前行。"那次党委会上，面对万吨大驱首舰全新的建设要求，舰党委决心如磐。

如今，这面党旗已伴随南昌舰走过 6 个年头，航行近 10 万海里。不论是在浩瀚的太平洋，还是在繁忙的海峡要道，每一名党员都曾面向它庄严宣誓。

"站在最前面的就是我！"南昌舰军官于景龙指着荣誉室墙上的一张照片激动地说。照片里，官兵整齐站坡，身姿挺拔，庄严敬礼。

2019 年 4 月 23 日，山东青岛外海，舰阵如虹。庆祝人民海军成立 70 周年海上阅兵活动现场，尚未入列的南昌舰，作为水面舰艇"排头兵"，以基准航速破浪驶来，接受检阅。

每每想起当时情景，于景龙胸膛依旧激荡着豪情，"那是一名军人的荣耀时刻。"

一次次驭涛万里，一次次穿越风浪，荣誉的背后是该舰党委带领全舰官兵一颗红心永向党的坚定与赤诚。在"努力把人民海军全面建成世界一流海军"的号召下，全舰官兵每年第一堂党课主题都是学思想、铸忠诚、当先锋，不断强化官兵理想信念，凝聚精神力量。

在战巡一线，每到重要海域，每到关键节点，一场场誓师大会、纪念仪式总是适时展开。

2020 年夏，南昌舰执行某项训练任务，航行至刘公岛附近海域锚泊。官兵们列队后甲板，遥望刘公岛，一堂现地教育随即展开。伴随授课人的讲述，甲午海战的历史不断在原南昌舰军官张松波脑海中翻涌。张松波说："作为新一代水兵，必须忠诚无畏，练就过硬本领，才能不辱使命。"

入列以来，舰党委带领全舰官兵，远航白令海、战巡太平洋，圆满完成重大任务 10 余项，被中央军委表彰为"全军践行强军目标标兵单位"，舰党委被海军党委表彰为"奋斗新时代先进基层党组织"，荣立二等功 1 次。

勇担使命树标杆

2020 年 1 月，军港码头，一艘银灰色巨舰伏波静卧，巨大的"101"舷号跃入眼帘。从舰艏到舰艉，满旗高悬。新一代南昌舰光荣入列，标志着人民海军驱逐舰实现由第三代向第四代的跨越。

南昌，是八一军旗升起的地方，曾有三代英雄战舰以此为名；101，是人民海军首艘驱逐舰用过的光荣舷号……英雄战舰的光辉历程，映射出肩上如山重任。南昌舰党委明确奋斗目标：传承英雄薪火，厚植先锋底色，锻造一流标杆。

新一代南昌舰作战系统高度集成、动力系统升级换代，具有强大的综合作战能力。"作为新一代 101 舰、055 型舰首舰舰员，我们肩负历史重任，必须给后续同型舰打好样，为海军事业转型升级开辟航路。"南昌舰党委书记祁伟光说。

在没有训练大纲的情况下，舰党委带领全舰官兵边摸索边学习，埋头攻关。装备不熟悉怎么办？官兵们学画"三张图"——电路图、操作图、系统流程图，倒逼舰员快速熟悉装备；舰艇施工怎么优化？官兵们一边学装备，一边"挑毛病"，提出各类优化意见近千条……

时不我待，只争朝夕。短时间内，他们先后完成动力试航、主副炮射击等近百项内容的训练考核。仅用 10 个月就完成全训考核，实现入列当年即形成战斗力，填补了 055 型舰训练大纲空白，舰党委探索树立了属于南昌舰的"首舰标准"。

实践是检验成果的最佳方式。南昌舰首次参加防空反导射击任务。"发射！"一声指令，军士石荣浩迅速完成目标圈定，果断按下发射按键！

"全部命中！"石荣浩悬着的心终于落地，控制室里随即传出一阵欢呼。

这次任务，南昌舰创造了新纪录。其中完成任务官兵的平均年龄只有 23 岁。年轻的舰员与年轻的战舰一道，顺利通过了这次考验。

实战实训砺兵锋

作为新质作战力量的代表，舰党委一班人研究关注最多的就是如何提升战斗力。

南昌舰党委副书记于涛说，舰党委树立起向战而行的鲜明导向，实战实训、联战联训，把战斗力标准贯穿转型建设全过程，用实际行动答好"胜战之问"。

入列 3 年多，白令海、太平洋……一道道壮美航迹，见证着南昌舰逐渐在远海作战体系中崭露头角。

2021 年 10 月，南昌舰首次跨出国门参加中俄"海上联合—2021"演习。南昌舰作为中方编队指挥舰，率先出战。

演习正式开始，靶船缓缓驶来。主炮瞄准系统中，几公里外的靶船只有鸡蛋大小，随着海浪不断晃动。"发射！"指挥台发出口令的一瞬间，军士史晓军按下发射按钮。"首发命中！""两发命中！"……最终成功命中靶标 10 余发。

贴近实战的训练检验、急难险重的任务淬炼，是南昌舰官兵砥砺战斗精神的"磨刀石"。

新时代，航母编队也因万吨大驱的加入，体系作战能力大幅跃升。2022 年 5 月，南昌舰作为航母编队"哨舰"，独自前出近百海里，直面外军航母编队，承担态势侦搜任务。

"我们是体系的一个节点，只要一出海，我们都会上报掌握的目标态势，尽可能给体系提供支撑。"于涛说，奔跑在科技强军的赛道上，我们必须走实训之路、练胜战之功，在深蓝大洋上一往无前。

向战而行育人才

"率先垂范就是无声的命令，关键时刻看党委、看党员。"舰党委认为，只有党员干部冲锋在攻坚克难的最前沿，才能带出一个坚强有力的战斗集体。

一次主炮实弹射击训练结束，在复盘时，有两枚炮弹未精准命中靶标，引起了于涛的注意。

在舰党委的组织带领下，相关部门全员上阵、分组攻关，从射击数据、毁伤效果、评估检验等全过程精算、全链条深研，最终对主炮工作方式提出改良方案，使主炮命中率大幅提升。

上下同欲，南昌舰官兵身上有一股勇担急难险重任务的拼搏劲，总在关键时刻挺身而出。

一次，南昌舰赴某海域进行实战化训练。机舱内各型设备高速运转，动力系统监控数据均显示正常。军士都晓辉正对某设备进行检查，燃机箱装体玻璃壁上一层薄薄的油雾引起了他的警觉。

都晓辉打开箱装体，在数百个部件中准确找出管路连接处出现的裂缝。高温条件下，油气极易发生爆燃。必须尽快堵住缝隙！都晓辉当机立断，顾不上高温的管壁，紧紧堵住漏点，请示紧急维修。舰艇快速转换备用主机，保证稳定航行。都晓辉立即带领班员对故障燃机进行抢修，最终成功化解险情。

结合出海训练、远洋护航、重大演习等时机，都晓辉手把手给战友教方法、传绝活，分析装备性能，研究改进方案。得益于都晓辉的悉心帮带，多名骨干脱颖而出，成为同型舰艇燃机专业的中坚力量。

作为万吨大驱首舰，舰党委树牢"首批舰员就是种子舰员"的思路，站在全局的角度培养使用人才，为每名舰员制定一人一册"兵情档案"，保障了舰员的成长发展。

组建以来，南昌舰先后有50余人荣立三等功，20余名军官成长为舰艇主官、赴机关院校任职，为兄弟舰艇输送班长以上骨干50余名，成为当之无愧的先锋舰、种子舰。

（徐隽、金正波《人民日报》2024年1月7日第2版）

海军航空大学某基地舰载机飞行教官群体——

培育"飞鲨勇士"制胜海天

渤海湾畔，战鹰列阵、引擎轰鸣，一架架有着"飞鲨"绰号的歼—15 战机接连起飞。随着拦阻索被高速飞驰的战机拉成巨大的"V"字形，又一批学员驾驶战机成功降落航母甲板，再次刷新单批次上舰认证人数最多的纪录。

得知成绩后，海军航空大学某基地舰载机飞行教官孙宝嵩十分欣慰："学员们顺利通过资质认证，就是对我们最大的认可。"

海军航空大学某基地舰载机飞行教官群体深入贯彻落实习近平强军思想，始终以党在新时代的强军目标为指引，培养了一批又一批优秀的舰载机飞行员。舰载机飞行教官群体敢于担当、勇于开拓，用青春和热血探索出舰载机飞行员培养的"中国样本"。

"航母舰载机事业需要什么，我们就愿意干什么"

为加强舰载机飞行人才培养，海军航空大学某基地首个舰载机训练团正式组建成立。一批舰载机飞行员转身成为飞行教官，担起了舰载机人才培养的重任。

飞行教官王勇就是其中之一。"航母舰载机事业发展壮大需要更多优秀的舰载机飞行员。航母舰载机事业需要什么，我们就愿意干什么。"怀着对航母舰载机事业的热爱，王勇和战友们投入到培养"飞鲨勇士"的事业中。

舰载机飞行着舰操纵方式跟陆基飞行时相反，为了练好"反区操纵"，飞行员必须建立起新的"肌肉记忆"，难度可想而知。怎样把积累的经验系统地传授给学员，提高培养质效，成为摆在飞行教官们面前的难题。

"再难也要干出来！这么光荣的任务交给我们，我们责无旁贷！"这成为该基地飞行教官们坚如磐石的信念和矢志不渝的追求。

面对缺教材、缺标准规范、缺组训经验的现实情况，孙宝嵩、王勇等飞行教官开始了一场"拓荒之旅"。他们边训练、边总结、边完善、边固化，每天下了训练场就上另一个"战场"。那段时间，"白加黑""五加二"成了飞行教官们的工作常态。

航母舰载机着舰指挥，是舰载航空兵区别于陆基航空兵的全新领域。着舰指挥官要全心全意守护"刀尖上的舞者"，确保战机着舰挂索万无一失。担任着舰指挥官后，罗胡立丹发现，飞行员在执行一些指令时，普遍存在短暂的迟疑。

"指令冗长，不利于飞行员及时作出反应，能不能精简指令，建立一套更加符合发音习惯的着舰指挥术语？"在两个多月时间里，罗胡立丹和团队连续攻关，一条指令一条指令地修改、一遍又一遍地模拟指挥、一次又一次地征求意见，最终形成了一套精简高效的指挥术语体系。

面对时代赋予的使命，飞行教官们不敢有半分懈怠："时代选择了我们，我们绝不能辜负时代。"正是靠着这股韧劲，他们先后编写了多种教学资料，规范组训流程，一套系统的舰载理念培养方案逐渐形成。

"只有学会较真，才能成为合格的舰载机飞行员"

"舰载机着舰飞行因为难度大、风险高，被称为'刀尖上的舞蹈'。"孙宝嵩说，"舰载机飞行，严字当头。只有学会较真，才能成为合格的舰载机飞行员。"

一名学员在进行模拟飞行时，做动作总是差零点几秒，被飞行教官曹先建多次点名。"就零点几秒，不至于完不成动作吧。"一开始，这名学员有些不解。

"舰载机着舰时速度很快，零点几秒的误差，足以造成不可挽回的后果。"那段时间，曹先建一直陪着这名学员飞模拟机，一边为他树立信心，一边指导他改正错误动作。通过连续指导和训练，该学员逐渐悟出了方法，成功通过了考核。

高标准严要求，教官们是这么说的，也一直是这么做的。曹先建在身负重伤后，创造了术后复飞仅70天便成功着舰的奇迹；飞行教官艾群在战友飞机高速飞行遭遇鸟撞飞机、发动机停车后，以精准的判断力，全程伴飞护送战友驾驶战机顺利降落……时刻冲锋在前、敢打必胜，飞行教官以自身的高标准为学员树立了榜样。

"飞行学员经历各异，只有深入了解他们，因材施教，才能帮助每一名学员快速成长。"这是飞行教官们交流时常说的话。

一次训练中，一名学员在下滑段油门使用不及时，导致飞机高度持续下降。眼看飞机距离跑道越来越近，艾群一把推满油门，学员才猛然发觉自己的失误。

下飞机后，艾群并未批评学员，而是仔细询问了解学员状态。针对学员特点，艾群强化关键要点讲解，把油门在各阶段的使用技巧掰碎讲透。在当天接下来的飞行中，这名学员逐步改进了动作。

在教官们的耐心帮助下，学员们对"精准、守纪、零容忍"的舰载飞行铁律有了更深的理解，航母舰载机事业的种子播撒在每名学员心中，所有学员都满负荷投入到学习训练中。

星光不负赶路人。海军首批"生长模式"培养的舰载战斗机飞行员通过昼间航母资质认证。自组建以来，该基地培养出多批舰载机飞行员，成功打通了生长培养路径，形成了"改装模式"和"生长模式"双轨并行的舰载机飞行员培养格局，闯出了一条具有中国特色的舰载机飞行员培养新路。

"把每一次训练当作实战，让每一名学员都成为战斗员"

8月，渤海湾畔某机场阴云笼罩，训练团在复杂气象条件下组织学员跨昼夜多课目训练考核。就在第二批次参考飞机即将升空时，海风裹挟着雨扑面而来。

"学员能不能完成？会不会超条件飞行？"经过缜密分析，王勇下定决心："飞！"

战机在夜幕下由远及近，在着舰指挥官的指挥下不断修正飞机姿态，如尖刀般穿云破雨，精准降落在陆基模拟着舰区。

讲评室内，飞行教官与学员一起复盘总结。王勇说："飞行训练要更贴近实战，锤炼学员战场适应能力，促进部队整体战斗力加速提升。"

雄鹰不仅要换羽振翅，更要面向战场。近年来，舰载机飞行教官始终坚持以战领训、为战育人，聚焦航母体系作战能力生成，瞄准短板强能、紧盯强敌备战、朝着一流练兵，努力练就克敌制胜的硬招狠招，推动从教技术向教打仗、从培养飞行员向培养战斗员跃升转变。

"我们把每一次训练当作实战，让每一名学员都成为战斗员。"飞行教官丁阳介绍，带着特定的战术背景训练，已成为该基地飞行教官带教学员的常态。广大学员训练热情更加高涨，一批批雄鹰从这里砺羽振翼，飞向远海大洋。

强军之道，要在得人。该基地通过老、中、青搭配的"育苗"方式，逐渐形成了金字塔形的年龄结构，让教官团队呈现出梯次衔接、良性循环、人才辈出的局面。

飞行员梁李彬等年轻飞行员陆续从部队投身舰载机飞行人才培养事业中，与先行者一道担起了飞行教官这一重任。"这里就是我的战位，我愿为航母舰载机事业发展奉献我的青春！"

开始带教生涯后，飞行教官们虽然离开了一线作战部队，但他们一直保持奋进姿态，攻克一个又一个难题，努力拓宽人才培养的边界。

王勇驾驶歼—15战机稳稳落在辽宁舰甲板上。随着最后一架战机平稳着舰，此次舰载战斗机飞行教官夜间航母资质认证顺利完成，标志着海军航空大学具备了舰载战斗机昼夜间全时域教学能力。

云飞浪卷，"飞鲨"逐梦。在战机轰鸣之间，这群飞行教官瞄准未来海天战场，时刻挽弓待发。"我们一定不辱使命、不负重托，努力培养出更多更优秀的舰载机飞行员！"

（刘博通《人民日报》2021年12月28日第7版）

空军航空兵某团飞行二大队因战而生、向战而行——

锻造新时代的空中铁拳

走进空军航空兵某团飞行二大队荣誉室，两篇特殊的"战地日记"格外引人注目——

"我们飞机上的炸弹离开了弹舱，整个机群近百枚重磅炸弹像长了眼睛一样飞向敌人的指挥机构。"这是一场载入史册的战斗：1951年11月6日，飞行二大队首批飞行员驾驶9架轰炸机奔赴抗美援朝战场上空，临空轰炸敌情报指挥机关，首开人民空军航空轰炸作战样式先河。

"伴随着发动机响彻天际的轰鸣声，战机拔地而起，沿着预定航线飞向目标区域。"这是一次惊心动魄的远飞：2019年下半年，飞行二大队飞行员张成梁驾驶轰—6K战巡远海，有力威慑，迫使非法行动的外方船只驶离我海域。

不同的任务，相同的使命，跨越半个多世纪，诉说着飞行二大队因战而生、向战而行的铁血荣光。从抗美援朝一战成名，到新时代上高原、跨远洋、出岛链，飞行二大队勇担使命、精武强能，捍卫国家主权安全的信念历久弥坚，换羽转型乘风高飞的航迹不断延伸。

为党奋飞——

"飞得越远，感觉自己的心离祖国越近"

飞行二大队有一面照片墙，以时间为轴，详细记录了他们执行重大任务的影像。

从褐色的无边大漠，到白色的雪域高原，再到一片远海深蓝……蓝色，逐渐成为照片里的主色调。

"大队发展就像战机航行，穿云破雾、越飞越远，靠的是清晰的领航规划！"从大队一步步成长起来的副团长李晓松深有感触，强军10年，飞行二大队牢记领袖嘱托，坚决听党指挥，励精图强，在维护国家主权、安全、发展利益的航程上不断奋飞。

2014年4月14日，习近平主席到空军机关调研，指出"空军是战略性军种，在国家安全和军事战略全局中具有举足轻重的地位和作用"，并提出"加快建设一支空天一体、攻防兼备的强大人民空军"的战略目标。

殷殷嘱托，催人奋进。同年6月，飞行二大队踏上改装转型之路，官兵坚持学习室、模拟机、飞机座舱"三点一线"苦练精飞，一本本技术资料被翻到卷边，上千个参数指标烂熟于心。

2015年2月16日，习近平主席视察空军轰炸航空兵某团，指出"要胸怀强军兴军目标，思想政治要过硬，坚决听党指挥，做到搏击长空心向党、飞行万里不迷航；打仗本领要过硬，加强实战化训练，确保关键时刻上得去、打得赢；战斗作风要过硬，发扬一不怕苦、二不怕死的精神，敢于冲锋陷阵，敢于迎战强敌"。

飞行二大队深刻领悟统帅号令，深入开展"坚定决心为国巡航、不忘初心逐梦远航"专题教育，引导飞行员把稳"方向舵"、握牢"驾驶杆"。同时，结合使命任务，推动改装训练由技术向技战术同步训练转变，跑出实战能力生成的"加速度"。

2015年8月，改装轰—6K后飞越巴士海峡；2016年7月，赴黄岩岛等岛礁附近空域巡航；2018年5月，完成夜间绕飞台岛巡航……在团训练中心有一面巨大的地图，上面详细标注了飞行二大队这些年的航迹。

人民空军党缔造，人民空军忠于党。飞行二大队武控师陈昊说："必须做到'战机听我的话，我听党的话'。"

2022年年初，飞行二大队飞行员穆特发·艾利第一次执行某远海战巡任务就遭遇对手。双方越来越近，近到可以看清对方战机的挂载。尽管耳机里不断传来告警声，屏幕提示被雷达跟踪照射，穆特发·艾利始终手握驾驶杆稳稳操纵着战机，密切监控着对方一举一动，直至对方驾机离开。

面对危险怕不怕？"飞得越远，感觉自己的心离祖国越近。不管风险再大，只要一声令下，我们都会义无反顾起飞。"穆特发·艾利的回答铿锵有力。

党的十八大以来，飞行二大队官兵深入学习贯彻习近平强军思想，铸牢铁血忠诚的政治品格，锻造制衡强敌的硬本领，快速成长为一支重要的空中战略性进攻力量，先后被党中央、国务院、中央军委联合表彰，被所在战区评为备战打仗先进典型，被空军授予集体一等功。

向战而行——

"千百次砥砺刀锋，只为关键时刻一击即中"

"刚抵达预定空域，就发现外方船只拖曳着长长的浪花，在我海域游弋。机组当即申请下降高度进行驱离。"说起那一次执行远海任务，张成梁记忆犹新。

2000米、1000米、900米……屏显上数据不断跳动，战机持续降低高度，海面上翻滚的波浪逐渐清晰可见。飞机30余米长的机翼在低空气流扰动下，带动机身剧烈抖动起来。

张成梁紧握驾驶杆，努力保持战机平稳，机组成员则操作设备对外方船只进行取证。很快，感受到威慑压迫的外方船只悻悻驶离。

"机翼下是万家灯火。一声令下，能不能上得去、打得赢？"返航当天，张成梁一遍遍追问自己。

"起飞就是迎敌，升空就是作战！"飞行二大队大队长张斌说，大队始终坚持把备战打仗作为第一要务，紧盯科技之变、战争之变、对手之变，大力推进战训耦合、体系练兵、科技练兵，加快推进军事训练转型升级，全面提高实战能力。

"武控师与飞行员的协同不够好""没有把握好目标的距离，驾机跃升早了5秒"……2017年8月中旬，空军某试训基地评估室内，一场辣味十足的复盘会正在进行。

看架势，这是一次打靶失利后的检讨反思。但令人意外的是，在刚刚结束的打靶任务中，飞行员取得了全部命中的好成绩。

"100%的命中率不等于100%的战斗力，任务完成了不代表能力提升了。"时任副团长吴晓东一语中的，"千百次砥砺刀锋，只为关键时刻一击即中。虽然任务中验证了多个高难课目，但是对新武器全功能的开发、战术战法的研究还不够深入，必须紧贴实战要求，不断丰富载机的战术动作和制导方式。"

这次实弹打靶中，按照"进驻即实战"的原则，打靶前不探靶标靶区情况、不搞适应性训练。首次参加打靶的飞行二大队武控师郭燕峰，发射导弹击中了靶架横梁。虽然摧毁了靶标，按照评估标准也取得了满分成绩，但偏离了靶心1米。郭燕峰认真复盘自己的机载视频，剖析查找问题，"实战中1米的误差就可能导致目标轰炸不能实现。"

因战而生，向战而行。天空，是生长英雄的地方——

1951年，飞行二大队组建不到一年就奔赴朝鲜战场，当时大队人均飞行不到20小时，每人拍了一张2英寸黑白照片，便慨然飞赴战场。

如今，年轻一代的飞行员接过先辈火炬，矢志强军目标，走实训之路、练胜战之功。"战机是人民空军的佩剑，我们一定能做到飞得远、突得进、炸得准、打得赢。"飞行二大队官兵说。

勇蹚新路——
"现在上联天、下联海，飞得更踏实了"

海天一色，天际线似乎触手可及。一场海上多兵种体系对抗演习打响——

飞行二大队多名飞行人员领衔出战，驾驶多架轰—6K战机雷霆出击。起飞不久，就和兄弟部队的预警机、歼击机、干扰机等多型战机一体组网编队，前往大洋深处砺刃，联合海上舰船对目标实施打击。

进入某空域，机组迅速协同干扰机布下"电磁走廊"，锁定目标、快速发射。捷报传来：导弹准确命中目标！

深入研究信息主导、联合制胜等现代战争机理，在融入"大体系"中练对抗、练融合。武控师夏胜鹏说："现在上联天、下联海，飞得更踏实了。"

从轰—6K列装，到快速形成战斗力，再到推进体系练兵，飞行二大队勇蹚新路，在强军兴军征程上潜心砺剑、自我超越。

2014年，大队列装轰—6K，从此告别临空轰炸的单一作战方式，探索远程精打的新路径。

从临空轰炸到远程精打，升级的不仅是装备，更是思维。时任大队长李晓松掷地有声："我们不能躺在功劳簿上睡大觉，必须尽快形成战斗力。"

打破"先会飞再会用"的传统模式，确立"列装一批、培养一批、成形一批"改装思路，能飞与能战一起抓；针对技术难点进行专项研究，梳理总结出数十条改进措施；利用模拟飞行器、战术仿真系统试飞论证，再实飞验证，提升改装效率……一杆一舵地练，一关一关地闯。首批改装人员不到3个月，提前完成改装任务。首飞不到10个月，就前出第一岛链遂行远海任务。

在飞行二大队，听到很多"不可能变为可能"的故事，也听到很多敢于尝试的"第一次"。

那年，团里领受某型导弹试打任务。当时导弹配套的航迹规划系统使用刚刚起步，没有经验可以借鉴。面对挑战，大队官兵向团党委递交请战书：1个月后试射。

时任教导员张鑫回忆起往事甚是感慨，"凭啥？全凭一股闯劲！如果只是按部就班地干，等不来今天的战斗力！"大队全员上阵、分组攻关，从导弹数据、毁伤效果等全过程精算、全链条深研，圆满完成了试射任务。

摸清多型新质弹药作战效能，研究提出的百余条装设备改进意见被工业部门采纳；苦熬数月研发出"高空投弹计算软件"，将投弹命中率提高近20%；率先展开夜间轰炸射击等实战化课目训练……飞行二大队以强烈的使命感，勇于改革创新，闯出了一条战斗力快速成长的转型之路。

为战育人——
"让年轻人上！牺牲整体战斗力的金牌，宁可不要"

大漠戈壁，风吹走石。一枚导弹高速袭来。电光石火间，靶标爆发出刺眼的亮光，十余米的烟尘飞溅而起。

一次高原投弹演习，武控师陈昊与战友突破重重兵力拦阻，成功运用某型导弹打击预定目标。这是陈昊首次发射导弹。这次实弹射击，不仅帮助他完成了能力素质的蜕变，也使他成为团里最年轻的有过导弹打靶经验的武控师。

"年轻飞行员的成长，离不开老同志的言传身教。"面对荣誉，陈昊充满感激。

长长的履历表、满满的军功章，见证了空军特级飞行员魏孝纲30年辉煌的飞行事业。2017年，他从领导岗位上退下来，做回一名普通飞行员，负责飞行教学工作，依旧初心不改，"如果祖国需要，我愿一生飞行"；

张斌经常带着教官骨干和新员一起进行训练准备、飞模拟机、复盘总结。每天8点至10点，他会准时坐在大队战法研究室，对年轻飞行员从基础理论、飞行技术进行重点强训；

…………

缩短新员成长周期，快速提高技战术水平。飞行二大队按照打仗标准培养人才，以中队为单元，按老、中、青3个层次编组训练，通过任务牵引、以老带新帮助年轻飞行人员快速拔节成长。

70余年前，大队刚组建时，上级明确要求"加速飞行员的训练，争取早日参加战斗"。不到一年，他们即参加抗美援朝作战。时至今日，"早日参加战斗"依然是大队为战育人的座右铭。执行重大任务，坚决摒弃"比武竞赛凑尖子""大项任务用老不用新"，只要符合条件，就大胆使用。

2016年6月，部队受领某型导弹海上实弹打靶任务，是让老尖子上力保命中，还是让年轻人扛大梁？大队党支部研究后一致决定："让年轻人上！牺牲整体战斗力的金牌，宁可不要。"最终，多名年轻骨干出色完成任务，大队技战术水平得到整体提升。

这两年，大队实战化训练不断向全领域、全系统、全弹种拓展，飞行人员多次参加南海战巡、岛礁巡航等重大任务；空军"金飞镖"检验性考核，年轻飞行员邹松言斩获突击最好成绩；改装以来，大队先后为兄弟单位输送近30名飞行骨干……更科学的训练计划，更清晰的培养路径，让年轻人加速成长。

党的十八大以来，空军以创新驱动军事训练改革转型，对接实战要求，着眼能力提升重构训练格局，组训空间向海上、高原、夜间、电磁等多维度延伸，部队训练模式不断实现"版本升级"。飞行二大队官兵正加力奋飞、搏击长空，阔步踏上光荣与梦想的新征程。

（金正波《人民日报》2023年6月20日第4版）

执行飞播任务 39 年，作业 2600 多万亩，空军某运输搜救团一大队——

播撒无边的绿色

39 年前，空军某运输搜救团一大队开始执行飞机播种和防风治沙任务，此后虽经历大队更名、人员变换，但飞播航迹从未断线。

克服低飞等多重困难，他们播撒草籽、树种上万吨，作业面积超 2600 万亩，落种率、存活率达到先进水平，在茫茫大漠撒下无边的绿色。

1982 年 5 月 2 日，甘肃省临夏回族自治州太子山下，简易的土机场跑道边，聚集了大量群众——听说要用飞机种树，许多人前来围观。

当年，空军某运输搜救团一大队积极开展飞机播种造林、种草任务。他们的不懈坚持，创造了一个个绿色奇迹：在"三北"防护林带飞播成林超 1000 万亩，在腾格里沙漠东缘、乌兰布和沙漠南缘分别建成长 350 公里、宽 3 到 20 公里和长 110 公里、宽 3 到 10 公里的生物治沙锁边带……

矢志不移耕耘蓝天，造就丰硕生态成果

"飞机播种，只有保持 50 米左右的飞行高度，才能使树种、草籽精准落在播区并间隔均匀。"第一茬飞播人之一、今年已经 72 岁的宋占清说，"高度越低，飞机越不好控制"。当年，尽管一无资料、二

无设备、三无经验，但为圆满完成任务，宋占清等人多次向民航及林业部门请教，不断改进飞播方案。

近了，更近了……宋占清驾驶一架飞机，不断降低高度。离地五六十米时，种子倾泻而下。播带上 9 张一米见方的测试白布都接到了种子，而且数量达标——首次飞播试验圆满成功。

首战告捷，拉开了该大队执行飞播任务的序幕。此后 39 年，他们的飞播航迹从未断线。其间，大队先后 4 次更名、转战多地，但无论番号怎样改、人员怎样换，他们始终坚决落实党的政策，年年执行飞播任务。

上世纪 70 年代，陕西榆林老城区面积仅有 5 平方公里，四周被沙漠包围。"春栽夏死秋天拔，冬天熬了罐罐茶。"这句流传在群众中的顺口溜，道出了单纯人工植树造林的窘境。陕西省治沙研究所所长石长春说，沙漠里没有路，造林物资运不进去，水、肥、人、牲口、机械处处受限。

1983 年，空军飞播队伍进驻，榆林治沙迎来转机。"飞机播种规模大、见效快。"石长春说，更让人感动的是，执行飞播任务的官兵不仅专业过硬，而且干劲足、作风好。

空军在榆林治沙飞播 32 年，造就了丰硕的生态成果。到 2014 年，毛乌素沙地榆林沙区境内 860 万亩流沙得到固定或半固定。石长春说，按原来每年人工造林 10 万亩的速度计算，需要 86 年才能完成治理，而在空军官兵不懈飞播下，仅用了 32 年。

困难面前毫不退缩，筑起一道道绿色屏障

该大队是改革开放初期较早承担专业飞播任务的部队，至今仍在担负此项任务。

播区不是山区就是荒漠，地形复杂多变、气流变幻莫测。执行飞播任务的运—5飞机，没有自动或辅助驾驶设备，全靠飞行员手动操作。飞行过程中，遇到在半山腰陡坡上的播带，他们必须紧握驾驶盘，不断在山谷间做盘旋、上升、下降的飞行动作。更危险的是，飞播高度只有50来米，属于超低空飞行，技术难度大、风险挑战多、突发情况多。39年来，该大队官兵成功处置10多起险情。

老一代飞播人崔光允，曾遭遇两次发动机停车险情。"第一次是1992年，当时我正在加油，准备返回本场。"崔光允回忆，刚飞出跑道，飞机突然失去动力，"幸好跑道外是还算比较平坦的戈壁滩，我赶紧迫降、成功着陆。"

第二次更为危险。1994年6月6日拂晓，崔光允从一处简易机场起飞驶向播区。12分钟后，在200米左右高度，发动机仪表指针指向"0"。这意味着发动机停车，飞机失去动力了。

"我一看，前方是村庄，只有左后方有块农田，而且是个缓坡。"崔光允说，接地时，飞机剧烈颠簸，顺着坑坑洼洼的田地猛向前冲。他死死把住驾驶盘，终于迫降成功。

"从发现故障到降落，前后只有30多秒。根本来不及害怕，满脑子想着如何处理，后来回想起来一身冷汗。"可尽管如此，崔光允仍然选择坚守：从1983年起，他连续23年执行飞播任务。

狂风暴雨、烈日酷暑、强沙尘暴……该大队官兵多次遭遇恶劣天

气，但在困难面前毫不退缩。39 年来，该大队飞播航迹遍及 7 省（区）130 多个县（市），作业面积超过 2600 万亩，播撒草籽、树种 1 万多吨，筑起一道道绿色屏障……

追逐沙海，不见绿水青山不收兵

全国民族团结进步示范单位、全国拥政爱民模范单位……在该大队展览馆，20 多项表彰、88 面锦旗，镌刻着一代又一代官兵在广阔蓝天留下一道道听从党的号令、忠诚担当使命的壮丽航迹。

以天为帐、以地为席，该大队官兵执行飞播任务时，吃住都在野外。头顶星月起、脚踏夜路归，是飞播官兵的工作常态。许多飞行员都表示，他们首先考虑的，是气象条件是否适合飞播。

为了抓住一年中短暂的飞播时间窗口，该大队誓言"太阳不落飞机不停"，在榆林创下"3 架飞机一天飞播 38 架次，18 天飞播 40 万亩"的纪录。

战风斗沙三十九载，该大队官兵战胜了地形复杂、天气多变等困难，自主研制出空中可调式定量播种器，探索出适合西北地区的飞播方法，使得落种率、存活率等多项指标达到先进水平，先后多次获得国家和军队科技进步奖。

"飞播林，既是生态林，又是致富林！到去年为止，该大队累计帮助我们完成飞播造林 581 万亩。"内蒙古阿拉善左旗林业工作站站长刘宏义说，飞播区 235 户农牧户的生活大幅改善，35 户贫困户已经全部脱贫。

"在我们眼里，飞播是一场守护生态的战斗，风沙是敌人，种子是弹药。"面向未来，该大队大队长辛嘉乘话语铿锵："我们是群追逐沙海的兵。哪里有需要，哪里就会有我们的身影，不见绿水青山绝不收兵！"

（付文《人民日报》2021 年 2 月 3 日第 14 版）

雪域高原上的青春之歌

　　7月的雪域腹地，依旧寒风呼啸。伫立远眺，草原向远方的天际延伸，尽头处山峦起伏，山顶的雪与蓝天白云互相映衬。这是多少人一生难见的壮丽奇景，而樊朋利早已视若平常。在女子战炮班服役，几乎每年她都要在这里开展野外训练。这里的草木山林，早已深深印在这个广东女孩心里。

　　她所服役的西藏军区某部女子战炮班于 2015 年组建，曾被评为"全国三八红旗集体"。现在，这支平均年龄 24.5 岁的队伍，正在雪域高原奏响一支属于她们的巾帼战歌。

不爱红装爱武装

　　"为何'不爱红装爱武装'？"

　　对女子战炮班的成员来说，这是她们最常被问到的问题。但这些来自五湖四海的姑娘们给出的答案，却难以一语概括。

　　樊朋利，1994 年出生的她已经是全班最"老"的兵。当年从学校毕业后，偶然看到入伍的通知，樊朋利"突发奇想"动了当兵的心思，应征入伍，没想到在雪域高原一干就是 8 年多……

　　贾濡菲，现任班长，早早立下了当兵入伍的志向。大学即将毕业，她选择入伍。面试官问她："西藏你敢去吗？"彼时刚刚 20 岁的少女咬着牙应了下来。这位 1997 年出生的山东姑娘从此告别家乡的海风，拥抱高原的凛冽寒风……

周晨晨，这名个头不高的"重庆妹儿"，是一名 00 后。她所在的高校有当兵入伍的传统。刚进大学的她总提不起学习的劲儿。有一天，她偶然遇到学校里入伍归来的师兄师姐，突然意识到自己"不能这样虚度大学时光"。她选择像那些师兄师姐一样应征入伍，并来到西藏……

来自不同的地方，怀揣着不同的初衷，这些姑娘在雪域高原被火热的军营熔铸，成长为合格的战士。

贾濡菲在拉萨报到的第一天，就被樊朋利的"飒"给迷住了——"那就是我想象中一名女军人的样子。"多年之后，贾濡菲依旧记得当初第一次见到樊朋利的样子：一头爽利的短发，走路仿佛都带着一阵风，说话做事刚毅果决，里里外外透出一股干练劲儿。

"我是你们的新兵班长，这段时间你们的训练就归我安排了……"樊朋利的话犹在耳畔，严苛的训练随即而来。运动、摔打……这些本就激烈的训练，在高原上给贾濡菲带来了更加沉重的身体负担。看着樊朋利等人的示范，贾濡菲跟着做训练动作，心里只想着把动作做得快、做得准。回到营房休息时，才发现身上青一块紫一块，"挨着床板都直叫疼"。

但贾濡菲没有放弃。"成为像樊朋利一样'飒'的女兵"，这个梦想一直支撑着她。"曾经，我只是向往军营。至于到底要做什么样的人，我其实并无实感，直到见到了班长。"她说。

对 00 后周晨晨来说，部队生活还带来一项"挑战"，就是与手机保持距离。入伍前，她一直手机不离身。在寝室躺在床上，手机一玩一整天，曾是她生活的常态。但是，刚入伍的第一天，她的手机就按照规定被管理起来了。

习惯了多彩的大学生活，训练的日子显得简单、枯燥。但正因这份简单，那些吉光片羽的记忆在周晨晨的脑海里分外清晰明朗。2019年12月，训练的第三个月，正好是她19岁的生日。那一次，樊朋利和贾濡菲离开营地，专程为周晨晨买来了蛋糕。营房里的战友下厨，给她下了长寿面。吃着战友煮的面和专程买来的生日蛋糕，周晨晨心里分外感动。

由于手机使用时间大幅压缩，过去"手机不离身"的周晨晨甚至一度忘了手机的开机密码。多次尝试无果，她只能拜托当时的班长贾濡菲给自己家里人打电话，询问他们是否记得自己的手机密码。除夕那天，家里人接到周晨晨的电话，心里既充满着联系上女儿的喜悦，又对她的经历忍俊不禁——"原来，部队生活真的能治好孩子依赖手机的老毛病。"

而周晨晨清楚地知道，与家人许久不见，自己身上的变化还远远不止于此——她如今已经不是那个稚嫩的大学生，而是一名军人，一名属于光荣集体"女子战炮班"的军人。

"我们并非不爱红装，只是更爱'武装'。"樊朋利说，"告别红装拥抱武装，我们每个人都有不同的初衷。但正是在部队的经历，造就了我们对军营的热爱和忠诚，将我们这些来自天南地北的人凝聚成一个集体。"

谁说女子不如男

"驻训嘛，我想象中应该就是跟大家常说的野外生存一样，要爬山上树，要自己找吃的喝的，应该会很有趣吧。"初上高原的战炮班新兵刘珊对野外驻训充满了幻想。

她当时不明白，老兵班长为什么露出了意味深长的笑容，直到她真正来到了驻训场——驻训第一天的帐篷搭建工作，就把刘珊的幻想击碎了。

厕所、居住帐篷、晾衣房等，都要与男兵区分开来，因此女兵班搭帐篷的任务比男兵更加繁重。为了确保晚上能够入住，女兵班需要在天黑前完成4顶帐篷的搭建，这其中还包括挖坑、平土、修排水渠、铺设伪装网、完成帐篷内设施摆放等一系列工作。而女兵们抵达驻训场时已经是下午2点钟。

火箭炮按照计划到达预定阵地，大家刚刚展开车辆没多久，一阵冰雹就劈头盖脸地砸了下来。

"各炮迅速撤收车辆，做好隐蔽伪装！"收到指令，战炮班的女兵们迅速行动起来。为了不影响操作速度，她们连雨衣都没穿，就爬上车顶安装炮衣。由于气温低，冰雹落在炮衣上不能很快融化，本就沉重的炮衣此时搬运起来更加吃力。"一、二，加油！"在大家的齐心协力下，终于在规定时间内顺利完成了隐蔽伪装工作，返回车内。

在高原开展各类操作，对体力是个挑战，对女性来说尤为如此。但是，战炮班的女兵不服输："我们就是要比男兵干得更好！"

有一次，战炮班所在西藏军区某部要开展一场远火专业综合性练兵比武。时任班长的樊朋利向连队建议：由她带领女兵炮手与男兵班同台竞技。

"班长，和男兵班比武，咱们能赢吗？"周晨晨心里没底。

"不要怕！没问题！"樊朋利从事远火专业6年，她知道这次比武不仅是单兵专业技术的较量，更是全班协同的比拼。"我们都是大学生士兵，专业技术不在话下，默契程度也很高。"她说。

备战比武，樊朋利的要求只有一个，那就是快！"'快'是炮兵的命！"

想要"快"，就得人人"不掉链子"，个个协同配合。可她们在对位装填训练中失误频发：有时是团队配合失误，没有一次性将挂臂挂接到位；有时是炮手对中（炮弹中心对准炮管中心）时间过长、吊弹（炮手操作吊臂吊起炮弹）不及时……

"6炮手，空吊的时候，换向阀的油门速度再快一点，衔接要更顺畅……每个人都要做好提前量，压缩动作时间……"樊朋利一次次叫停训练，一一指出并纠正大家在操作过程中的问题，指导大家一点点改进完善。这样极其消耗体力的练习，每天都要重复数次。但没有一个人觉得枯燥，没有一个人敢懈怠，大家都不愿意因为自己的原因拖累集体。

比武的日子终于到来。

女兵们的其他考核成绩，整体与男兵相差无几。但在与指挥车建立通信进行通信组网的时候，新兵陈凤交由于太过紧张出了小差错，导致其所在的环节比平时慢了，耽误了几分钟。对手抢占先机，她们看在眼里急在心上——一共要装填数发火箭弹，慢几分钟几乎意味着对手提前获得优胜。

樊朋利立刻调整心态："稳住，我们能行！"按照平时的训练，她们每一个人都在自己的岗位上细心操作，努力把动作做到极致。汗水划过她们晒黑的脸庞，坚毅与沉着的光在她们眼中闪动，一连串精准无误的操作，1发、2发、3发……当第三声"咔嗒"声响起，装填完毕，她们实现了反超。来不及庆祝，"占领发射阵地！"她们闻令而动，对手在烟尘中措手不及。

最终，女子战炮班第一时间圆满完成了任务，取得此次比武第一名。

如今，装备的智能化、信息化发展对女兵来说是机会也是挑战，它缩短了男女兵之间力量的差距，但是也要求女兵拥有更加全面的火炮知识。她们努力学习那些晦涩难懂的机械知识，追着厂家的专家、师傅们刨根问底，跟着火炮技师们爬车底、查线路，在故障维修中总结经验，在实弹射击中检验成果。"对于女子战炮班而言，只有还没学到的知识，没有解决不了的困难！"樊朋利语气坚定。

"谁说女子不如男？"这对于女子战炮班的姑娘们来说不是口号，而是熔铸在每个人心中的信念。

最好的青春岁月

4 年前，作为一名义务兵，樊朋利有机会选择继续在部队工作，或者退伍回家。那已经是她第二次选择留下。

在部队，有她习惯、热爱的生活方式，但是家里也有家人要照顾；退伍回家，健康有保障，也有更多机会照顾家里，却也需要面对已显陌生的生活节奏……

"我还可以在这里再做几年，让更多年轻人成长起来，再离开。"

进入部队不意味着脱离社会。每年回家休假，樊朋利都在观察自己和同龄人的不同。她家在广东，老家经商氛围浓厚，很多同学都在忙自己的事业和生意。"收入""利润""效益"……这些词是樊朋利在家乡听得最多的。

"这些当然都很好，但我偏偏不喜欢。"她想。多年的军旅生涯让她对公共事业更感兴趣。她一直琢磨，如果将来回到老家，是不是应该到基层工作，这样才能为老家的乡亲们做更多更具体的事。

在部队生活期间，她闲暇时也像同龄的姑娘一样，喜欢上网看剧。但是，她的"偶像"是电视剧《大山的女儿》的主人公黄文秀。"很多人从农村走了出去就不想再回去了，但总是要有人回来的，我就是要回来的人。"樊朋利对黄文秀的这句话印象很深，她未来有一天也想像黄文秀一样，成为那个回家的人，成为那个为家乡服务的人。

战炮班基本每个姑娘都会面临类似的选择。贾濡菲记得，自己入伍的最初两年，其所在的单位一直在西藏某地执行驻防任务，当时的生活和她想象中差别甚大，这让她一度萌生了去意。

但是，一次外出任务却让她无法忘怀——当时，她所在的单位正在野外驻防，她和战友们一起辛辛苦苦地搭建好营房，并准备在此驻扎。夜班时，当她走出自己的帐篷，她看到了此生难以忘记的壮阔景象——天地空旷寂寥，四野寂静无声，夜空中巨大的星河倒垂，仿佛倾泻到自己头顶。远处，一座高耸的雪山直插天际，与头顶的星河相互辉映。

这一刻，望着远处的雪山，年轻的姑娘对自己的职责产生了前所未有的真实感："曾经，地图对我们来说是一张纸；现在，我知道，面前绵延的山峦就是祖国真实的边疆。"

她选择继续留在部队，一次、两次……她在延长自己的服役期限，希望尽可能把手里的事情做到最好。

而对陈凤交来说，留在部队，还要面对来自家庭的压力。

陈凤交报名参军，是瞒着家里人的。当她把自己参军入伍的消息告诉家人，家人满脸的不理解。特别是得知陈凤交要去西藏当兵，家人更是坚决反对。"你一个小姑娘为啥要当兵，那不是男孩子的事儿吗？""你要是把身体搞坏了，谁来照顾你爸妈？"在家族群里，长辈们经常劝说陈凤交。

考虑到父母和家庭，陈凤交觉得自己终归是要回去，但她并不后悔自己的选择。"我的青春我做主。用几年时间来到边疆，在祖国最需要的地方做国家最需要的事，这是我能想到最浪漫的度过青春的方式。"她说。

哪怕有朝一日要离开，军旅生涯也在这些姑娘身上镌刻下深深的印记。更深刻的东西，则铭刻在女兵们的脑海里。樊朋利说："在女子战炮班的时光，是我人生最好的青春岁月。这里的生活教会我何为荣誉和集体，何为奉献和牺牲。这里的一切，都将是我青春记忆里永远回响的一首战歌。"

（徐驭尧、杨守宝《人民日报》2023 年 8 月 2 日第 20 版）

碧海丹心

盛夏。北京。

王书茂坐在车里，看着车窗外快速掠过的风景，心情既紧张又激动。他深深吸了口气，努力让心情平静下来。

这一天，注定是他永生难忘的一天。2021年6月29日，年过六旬的共产党员王书茂，被党中央授予"七一勋章"。

7月1日，王书茂作为"七一勋章"获得者，受邀登上天安门城楼观礼。"小时候第一次去北京，特别想上天安门城楼看看，如今终于实现了儿时的梦想。"载誉归来的王书茂，站在潭门海边接受采访时感慨万千，深沉的双眸有点湿润。

他望着不远处浩瀚无际的南海，那里海天相接，波涛汹涌，牵动着他一生的梦想与承诺……

一

采访王书茂，正值酷暑三伏。车沿着美丽的乡村公路行进，椰树摇曳之间，很快就到了海南省琼海市潭门镇渔港码头。清爽的海风夹带着渔村特有的鱼腥味扑面而来。淳朴的渔民一听我们找"老船长茂哥"，都热情地给我们带路。

在一幢小楼的庭院里，我见到了今年66岁的王书茂。他身材高大，黝黑的皮肤，眼睛炯炯有神，正和妻子在自家院子里整理渔具。

他出生在渔村，家里世世代代以捕鱼为生。

渔民对于大海，就像农民对于大地，始终充满希望和敬畏。王书茂18岁起就跟随父亲出海打鱼，一年有8个月在海上度过，皮肤因长期风吹日晒变得黝黑。在这片祖国的蓝色海疆上，老一辈渔民勤劳勇毅的民风民俗、朴素真诚的爱国热情、舍身守护国家利益的感人事迹，王书茂自小就耳濡目染。

王书茂跟着父辈们，学到了很多远洋航海技术。他熟知南海的海况，就像熟知潭门镇上的每条街巷和每户人家一样。哪边的礁盘好避风，多大的礁盘能开进多大的渔船，他心里清清楚楚。谈起王书茂，村里的老人们总是竖起大拇指说："阿茂脑子好使，能吃苦又有主见，将来能成大事。"

20世纪80年代，王书茂拥有了一艘属于自己的木船，成了潭门村第一批船主。他因此被许多人称为"老船长"。先富起来的王书茂，没有忘记渔民兄弟们，带着他们一起闯远海，耕海牧渔，把日子过得红红火火。

熟悉王书茂的人都知道，这个健硕的男人是个侠肝义胆、敢作敢为的硬汉子。每有渔民遇险，王书茂总是第一个冲出来救人。一天深夜，王书茂已进入梦乡，有人敲门求助：五个渔民在海上断了音讯，生死未卜。王书茂二话不说，组织人员连夜出海搭救。夜幕下的大海危机四伏，但王书茂毫不畏惧，凭借老到的经验，终于找到因故障等待救援的渔船。"我是茂哥，快上船来！"五个渔民最终获救，紧紧拉着王书茂的手喜极而泣。

王书茂性格豪爽大气，乐于助人。他船上有两名船工家境贫寒，生活十分困难。古道热肠的王书茂，不仅向两名船工传授捕捞技术和致富门路，给予资金扶持，还根据政策帮他们争取政府补贴。还有年过九旬的老人吴宛花，王书茂多年来一直悉心照顾她，帮助解决各种困难，给了她生活上的慰藉。在她的心里，"茂公"就是她的亲人。

在多年行船中，王书茂总是站在最危险的前方，组织渔民抵御台风、开展生产自救，赢得了渔民们的敬佩与尊重。

二

南海广袤，见证过多少岁月。自古以来，从琼海潭门港出发，驶向西沙群岛，就是一代代潭门渔民在南海的行船路线。王书茂从小跟随父辈闯荡海上，对这条路线十分熟悉，"夜望星空就知道次日天气如何，下一条绳就知道水深几许，撒一把炉灰就知道暗流有无"。

潭门渔民在海上作业，不时会遭到外国渔民船只的侵扰和挑衅。潭门渔民从来没有屈服，桅杆上的一面面五星红旗，就是他们的精神支撑。王书茂内心笃定："我们祖祖辈辈都去南海打鱼，南海是我们中国人的海。"1985年，潭门海上民兵连成立，王书茂第一批报名，成了一名光荣的南海民兵。海上民兵连积极投身南海维权斗争。他们聚如烈火，散若繁星，无时无刻不在捍卫着祖国海疆的尊严。

1996年某天，正值捕鱼旺季，王书茂带领民兵连民兵坚守某岛礁七天七夜。旺季里休渔7天，对渔民来说意味着一笔不小的经济损失，但王书茂没有丝毫犹豫："守好海疆是我们的本分！"同年，王书茂光荣入党。

2014年5月，我国"981"钻井平台作业受到外方船只的非法强力干扰。王书茂率领民兵连10艘渔船、共200多名民兵骨干，顶风破浪驶过茫茫大海，日夜兼程赶到了事发海域。他不顾生命危险，用自己的船只挡住外方船只，阻止他们的非法行为。外方船只最终只好撤离。

每次危险过后，王书茂都心有余悸："我们也是血肉之躯，面对危险哪有不怕的？但是为了我们的子孙后代，我们不能退却，不能认输。"

海上民兵连也是南海岛礁建设的重要力量。王书茂投身其中，义不容辞。1997年，王书茂和父亲、儿子一起加入建设施工队伍，"三代同堂搞建设"的事迹一时传为佳话。他还曾顶着高温、高湿的环境，运送建筑材料和给养物品，不惧皮肤被紫外线严重灼伤，连续工作100多个日夜……

王书茂将守护南海作为毕生使命。他常说："南海是祖国的南大门，你不守，我不守，全国人民睡觉能踏实吗？作为一名共产党员，为国护海是我的使命。"作为潭门海上民兵连的一名带头人，他早已成为民兵们心中的主心骨。

"只要祖国需要，我们民兵连时刻都在。"从1985年到2022年，王书茂当了37年民兵。他从年富力强的小伙子变成头发苍白的花甲老人。37年来，他积极培养南海维权民间力量，带领潭门渔民和民兵兄弟始终冲锋在前，用实际行动诠释了一名共产党员的担当与坚守。"全国见义勇为模范""改革先锋""最美奋斗者"等荣誉，正是对他的褒奖。

三

1999年，中国开始实施南海海域伏季休渔制度。到今年，已是实施休渔制度的第二十四个年头。

潭门水域，烟波浩渺。曾经，这里水美鱼肥，捕鱼人云集于此。上世纪80年代以来，由于捕捞强度过大，海洋渔业资源面临巨大压力。随着近海渔业资源的日渐紧张，以及国家对海洋生态保护的重视，部分渔民面临转产转业的新选择。如何带领渔民转型发展，成为老船长王书茂的新使命。

许多渔民学历有限，想在休渔期内转产转业，何其艰难。王书茂知道，每有一艘渔船转产，就要牵涉到船上的众多船员，每个船员背后都是一个家庭。更让他发愁的是，许多渔民兄弟想不通：风里浪里打鱼一辈子，临老了怎么就要转产转业了？看着一脸沮丧的他们，王书茂心里别提有多难受。要知道，这些都是曾与他在海上生死与共的渔民兄弟啊！

于是，王书茂挨家挨户上门向渔民宣传国家的休渔政策，自掏腰包请大家喝茶聊天。他要让转型发展的观念深入渔民的心里。

休渔期间，潭门港口泊满了大大小小的渔船。王书茂顶着烈日，在码头宣传栏张贴伏季休渔相关法规宣传材料，登上停靠在码头的渔船，向渔民发放休渔宣传手册，与渔民促膝谈心。"阿福、林爹，这是国家伏季休渔的政策法规，你们熟悉不？我给你们讲讲。"他耐心向渔民讲解，热心解答渔民咨询的问题。可渔民要留他吃饭时，王书茂一眨眼工夫就不见了踪影。

王书茂想要带动大家"造大船，闯深海"，实现新发展。他知道渔民对此心有顾虑，便带头将自己吨位小、风险高的旧渔船换成一条120吨的钢质渔船，与人共同经营。2014年，王书茂又带头贷款订造大船——一艘350余吨的钢质渔船，成为潭门首批拥有全新大吨位钢质渔船的船东之一。同时，为了发展休闲渔业，他先行一步进行探索，利用外出开会和学习的机会，四处考察先进地区的富民途径，想方设法帮渔民转产增收，还组织党员和渔民骨干去先进村镇参观。

2017年11月，海南省首个休闲渔业试点项目落地潭门。好政策让许多观望的渔民心动了。王书茂趁热打铁，鼓励潭门渔民以渔船入股等方式，加入公司参与休闲渔业发展，发展特色渔家民宿。政策的支持和榜样的力量，终于点燃了渔民的参与热情。一些擅长烹饪的渔民还在民宿开设餐馆，吸引游客吃饭消费。转型成功的渔民少了赶海的辛苦，日子也越过越富足。

和王书茂一起闯过海的符名林，也想和朋友一起投资搞海景民宿。但他心里还是顾虑重重：在这个小镇搞民宿，会有人来住吗？周边的人甚至连"民宿"是啥都搞不清楚。思来想去，他决定先去问问王书茂的意见。王书茂听了，非常赞成，不仅鼓励他大胆去做，还拍了胸脯，说碰到问题一起想办法解决。这番话让符名林吃下了定心丸。他和朋友到外地学习取经，建造了一座充满渔家风情的特色民宿。经过一番宣传推广，游客日渐增多，不仅收获可观利润，还解决了 20 多名周边渔民的就业问题。

王书茂鼓励在外打工的年轻村民，返乡做生态旅游、土特产销售，依托网络平台销售土特产。姑娘、小伙纷纷"触网"，家里的长辈渔民则负责采集、加工土特产。线上线下联动，土特产销路渐渐扩大，还添了不少回头客。村民们都说，这生意是越做越"时髦"了！

四

越来越多的游客喜欢上了潭门。来这里吃海鲜、休闲度假成了一种新时尚。潭门港食客云集，"海鲜一条街"集参观体验、海鲜交易、海鲜加工、餐饮服务于一体，热闹非凡。新兴的渔业旅游产业发展红红火火。游客们在这里一边品尝海鲜，一边聆听船长们的冒险故事。

一踏入潭门港码头就会发现，这里比周边的圩镇更加繁荣。商业街生意兴隆，精品民宿供不应求，各式海鲜酒楼顾客盈门。这些曾经终日淹没在海腥味里的渔民，脸上的笑容越来越灿烂，致富路也越走越宽。

生活大变样，王书茂的功劳，村民们自有口碑。

潭门海上民兵连三排排长王振福，说起王书茂满脸的信服："小时候家里穷，父母一年到头辛苦劳作，日子还是过得紧巴巴。后来我跟着茂哥一起闯海，生活才慢慢好起来。茂哥一直是我们的致富带头人。这些年，潭门的渔船由小变大，渔民生活越来越富裕，离不开茂哥多年来的带头示范。"年过半百的王振福如今不仅做船长，还在岸上办起了水产养殖场。

潭门渔民陈则波当了20多年的船长，谈起茂哥，也感动不已："我13岁起就跟着茂哥学开船、潜水、抓鱼。是茂哥毫无保留地教会了我闯海捕捞的全部技能，更教我如何做人做事。不仅对我，他对其他人也这样关心帮助。很多人都是跟着茂哥远洋出海，从贫穷的渔家少年，成长为驾驶大型渔船的船长。"

2021年4月，王书茂出任潭门村党支部书记。依托国家对海洋渔业政策的扶持，他开始谋划建设"海洋牧场"，希望把传统渔业文化也打造成旅游项目。他还筹划在潭门建一个大型补给站，让大吨位的渔船补给更方便、快捷。

如今的王书茂，仍然奋斗在第一线，从不因自己年纪大，把苦活累活都交给年轻人干。他的身影依旧活跃在民兵连，活跃在训练场，活跃在渔船和码头上。他积极推进上岸渔民补贴与就业安置工作，解决渔民后顾之忧。他抓住乡村振兴的契机，大胆引进项目资金，努力打造具有"渔业风情"的美丽新渔村……

随着休渔期结束的日子越来越近，渔港开始变得热闹起来。潭门码头上，渔民们正在为开海做准备：检修机器设备、整理渔具、补充物资……一艘艘船来回穿梭，机器的哒哒声、船工的吆喝声、岸上的欢笑声此起彼伏，整个码头犹如过年一般的热闹。此情此景，王书茂由衷感慨：大半生的奋斗，图的不就是这样繁荣热闹的渔家光景吗?

王书茂从一个初出茅庐的渔家小伙，成长为一名阅历丰富的老船长。别人对他的称呼也从"茂哥"变成了"茂公"。可他为祖国守南海的决心却丝毫不动摇。放眼未来，66岁的王书茂言辞中透着无限温情："耕好祖宗留下的'责任田'，守好祖国的南大门，作为一名有着26年党龄的老党员、老民兵，我责无旁贷。我还要再坚持几年，把海上航行知识、航海技术传授给年轻人。只有让乡亲们过上好日子，我才无愧于共产党员的身份。"

王书茂站在甲板上凭栏远眺，宝蓝色的南海浩瀚深邃。这片广袤的海域如此美丽，阳光照下来的时候，仿佛可以穿透天际、照亮心灵。"我的心一直在海上。"王书茂用朴实无华的行动，扛起了一名基层共产党员为国为民的责任担当；用平凡但绝不乏味的人生，书写了一段海上传奇。

（王妮《人民日报》2022年8月29日第20版）

河北省军区原副司令员张连印退休后返乡，义务植树 18 年——

200 万棵树！黄土地上绿意浓

站在山西左云张家场村的瞭望亭俯瞰，樟子松叶茂枝繁、连绵成片，聚拢成一片林海……

这种多分布于大兴安岭地区的树种，为啥会在左云这片黄土地上旺盛生长？

关于这些樟子松的来历，左云县群众口口相传："2003 年，有位将军退休回乡，脱下军装、扛起锄头义务植树 18 年，种下了 200 多万棵树。"

这位种树的将军，就是被当地人称为"绿化将军"的河北省军区原副司令员张连印。戎马倥偬 40 年，退休回乡后的他，不顾疾病缠身，奋战在绿化荒山、防风治沙一线，书写了坚守初心本色、不懈奋斗奉献的精彩人生。

回家

"作为一名退休干部，我想把植树造林作为自己的下一个'战场'"

张家场村位于我国北方荒漠化土地集中分布的区域。早年的张家场村，大部分区域都是荒山荒坡，黄沙肆虐、尘土飞扬。"一年一场风，从春刮到冬。白天点油灯，晚上堵门风"是这个小村曾经的真实写照。

有村民回忆，小时候每天早上起来，透过油纸窗往外看，屋外漫天黄沙，上学走路都要用胳膊挡住脸，风沙刮在身上噼啪作响。

时过境迁，村里的生态发生了巨大变化，遍地是樟子松、云杉、油松。记者行走在林间，阳光穿过树叶打在脸上，让人感到暖意融融，天空在绿树的掩映下蓝得耀眼。

"绿水青山就是金山银山，啥好都不如空气好！自从有了这些树，我们村也有了湛蓝的天。"一位面色黝黑、头发花白的老人说。

这位老人就是张连印。他身着旧迷彩服，手上拿着铁锹，一眼看上去，更像是一名朴实的农民，而不像退休的将军。

就在这片绿树成荫的茂林中，张连印将他植树的故事娓娓道来……

2003年，张连印退休后回到日思夜想的故乡。站在山上，望向河尾滩旁的荒山秃岭，他做了一个重要的决定：用自己所有的积蓄，在这3000亩荒山上种树！

签合同那天，他当场表态："我一不要林权，二不要地权；30年后无偿交还集体。作为一名退休干部，我想把植树造林作为自己的下一个'战场'。"

2004年春，张连印在一片荒滩上建起平房安营扎寨。几间低矮的平房，既是他的家，也是库房。院里停放着一辆已经掉漆的面包车，是张连印在2015年花4万多元买的，也是最值钱的家当。这些年，他就开着这辆面包车，每天带着镐、锹和树苗，翻山越岭上山植树。

除此之外，张连印连政府提供的退耕还林补助都交给了乡亲们。

修路、通电、打井、修渠……很快，老两口的积蓄就花光了。

资金有缺口，全家人倾囊相助，找亲戚朋友，多方筹措，大女儿用刚买的新房抵押贷款了 20 万元；儿子拿出了仅有的 10 万元积蓄；小女儿将 3 万元转业费和订婚时公婆给的 2 万元一并贡献了出来，这才凑够了启动资金，解了张连印的燃眉之急。

种树
"这些年，像照顾自己的孩子一样，我对每一棵树都有很深的感情"

采访中，张连印总是谦虚地表示，自己只是作了"一点点贡献"。但村民们都说，没有张连印，就没有这漫山遍野的绿树。

十几年来，张连印一直干在前面，与村民们同吃、同住、同劳动。

种树是个体力活，需要耗费大量时间、精力和耐心。张连印回乡后也一直保持着在部队养成的作息。每天早上，他 5 点钟从炕上爬起来，抱着树苗上山劳作。植树的时候，肚子里是凉饭，浑身上下是泥水，头上大汗淋漓；一天下来耳朵里、鼻孔里都是沙子。

"当初听说他种树需要人手，我就来了。跟着将军植树，一干就是十几年。"最初和张连印一起种树的村民田四旺，见证了张连印种树的执着与艰辛："我们这儿，不是沙地就是石头山。其他地方种树浇 1 次水，我们这里得浇 3 次。"

然而，由于经验不足，第一年栽下的树苗成片枯萎。"我带兵是内行，干这活儿却是外行。"工作起来，张连印发现，改善生态环境不像自己想的那么容易，需要科学指导、整体规划。

于是，张连印开启了他的"求学之路"。为了学习植树造林、防风治沙的方法，他先后 20 多次到林业部门咨询专家，协调专业技术人员现场指导，还订阅了 10 多本林业杂志。功夫不负有心人，第二年，树苗的成活率提高到 85% 以上。

但还没来得及高兴，又一件事让他犯了难……

2004 年冬天，正在成长的近万株树苗短短几天就被牛羊啃得残缺不齐。看着被啃食的小树苗，张连印心疼了好几天。他认识到："不唤起大伙儿的生态保护意识，种再多树也难见效。"

张连印没有向放牧人索赔，而是把他们聚拢在一起谈心："我回来种些树就是想让生态环境变好，回报乡亲们。大家一定要帮一把，别再让牛羊破坏这些小树。"

栽下去的是树苗，长出来的是大伙儿的环保意识。自那以后，大家放牧格外小心，生怕牛羊再啃了树苗。村民说："张将军种树是为了咱们村、为了大家伙儿，我们不能再添乱！"

"这些年，像照顾自己的孩子一样，我对每一棵树都有很深的感情。"十几年来，他先后建起 300 多亩的育苗基地，绿化荒山 1.8 万余亩，在长城脚下筑起了一道绿色屏障。

初心

"党组织把我从一名士兵培养成为干部，我要回家为乡亲们做点实事"

张连印始终难以忘怀，当年乡亲们给他胸前戴上大红花、扶他上马参军时的嘱咐：到了部队要争气，听党话、好好干。40 年军旅生涯，张连印清晰地认识到，在每一个岗位上都要勤勤恳恳、任劳任怨。

听到张连印要回乡，当地许多企业高薪聘请他，张连印都不为所动："我是一个孤儿，吃百家饭长大，是乡亲们送我去参军，党组织把我从一名士兵培养成为干部，我要回家为乡亲们做点实事。"

要回来植树，身边还有不少人劝阻。老伴王秀兰滚着泪珠子对他说："我不反对你回报乡亲们，但这么大岁数，种树身体吃不消，捐点钱，照样能成事。"

"我知道种树又苦又累，但没人吃这个苦，乡亲们的日子咋会甜？"张连印想起遍地荒滩，看着眼前的黄沙漫卷，自己不可能不管。

"看着树苗一天天长大，我就能看到生命的意义。"乐观的张连印走到哪里，就把欢声笑语带到哪里……

以前，张连印的儿子张晓斌一直不明白，父亲回乡成为地道的农民，到底图个啥？

为此，张晓斌和爱人专门去了一趟张连印的林场，看到当年的荒山土岭、飞沙走石，如今变得遍野青翠、鸟语花香，想到父亲为种树作出的努力，眼泪直打转。

张连印在树林里给儿子张晓斌上了一课："人这一辈子要经受的考验很多，我们是共产党员，一定要把为人民服务、为党奋斗终身的诺言践行好。"

2015年4月，张晓斌选择以自主择业的方式退出现役，打起背包回到家乡，陪父亲一起种树，每天早出晚归，白天顶着烈日风沙，运苗、栽种、浇水，晚上陪伴父母拉家常。望着满目苍翠的树林，张晓斌越来越理解父亲的选择。

劳动节这天，祖孙三代在山上整整干了一天。把最后一棵树栽下时，已是夕阳西下时分。指着远处的排排松林，张连印说："劳动创造奇迹。"孙子兴奋地说："爷爷，将来我也想像您一样，种很多很多树！"

第二天一早，迎着旭日的光辉，张连印又头戴草帽、肩扛铁锹到山头劳作，一抹朝霞映衬着他的背影。他挺直腰杆，眺望着脚下这片绿色海洋。风吹叶响，像是一支整装待发的部队。"和它们在一起，没有战胜不了的困难。"张连印眼神无比坚定……

（李龙伊《人民日报》2021 年 10 月 18 日第 5 版）

四、扎根乡村　倾心奉献

　　他们坚守初心不动摇，坚定目标不松劲，坚持标准不懈怠，自觉把使命扛在肩上，精准发力，埋头苦干，舍小家为大家无私奉献，为全面推进乡村振兴作出了不可磨灭的贡献，留下了难以忘怀的光辉印迹。

无字丰碑上　有你的名字

——献给在脱贫攻坚战场牺牲的英烈

历史将铭记，这个世界减贫史上的奇迹——

8年间，中国832个贫困县全部摘帽，全国近1亿贫困人口实现脱贫。

祖国将铭记，这些用热血诠释信仰的英烈——

8年间，累计300多万名驻村干部、第一书记和数百万名基层工作者奋战在没有硝烟的战场。截至2020年7月底，1500多人牺牲在脱贫攻坚一线。

人民将铭记，这场上下一心、众志成城的战役——

以习近平同志为核心的党中央十分关心爱护基层一线扶贫干部，强调要让有为者有位、吃苦者吃香、流汗流血牺牲者流芳。国务院有关部门和各地从生活、健康、安全等方面持续加强保障，对牺牲干部的家属及时给予抚恤慰问。

改天换地，以身许国。岁月会模糊记忆，但你们的名字，将永远铭刻在坚实的土地，永远活在百姓的心里。

一、脱贫的日子，却没有了你

初春时节，贵州锯齿山，连绵数十公里，满眼都是新绿。

从县城驱车3个来小时，盘过90公里的山路，铜仁市沿河县中寨镇大坪村浮现在若隐若现的云雾中。

一队队村民背着酿出的新蜜，不时还要来上几首山歌。这是加拿大留学生李云起走进大坪村看到的场景。

可是，当他走进村户人家，探询酿蜜的生计，许多村民的脸上却淌满泪水，因为他们想起了一个人，那个教他们酿蜜的人——文伟红。

走进村委会二楼的宿舍，手写、手绘的民情地图、脱贫政策、贫困户联系电话贴满墙壁，逐户走访重新建立的贫困户档案列在柜中。办公桌上，一堆降压、治腰椎的药瓶边上，还静静躺着一张铜仁市委下发的"全市脱贫攻坚优秀共产党员"表彰文件。

"表彰大会他都没空参加。"中寨镇党委书记谭鹏飞说，文伟红驻村一年多，只为送儿子上大学请过一次假，"他把整颗心都给了这里"。

忙完了养蜂忙烤烟，帮扶了这家帮那户。哪会想到这个陀螺似的人会因意外身亡，年仅45岁。

"乖娃儿哟，你走了我最后一眼都没看到……"85岁的田维英老人知道那个总给她送糍粑的人走了，当场哭晕过去。

送别他的那天，本村的、周边村的上千名村民都来了，挤满了村委会办公室的楼道，排到了对面的山坡、广场、马路，一直守到天明……

谁不是血肉凡胎？谁没有儿女情长？

一旦选择了出征，他们就义无反顾。

蒋锋赶到四峨吉村时，整个乡政府黑压压的都是人，上百位村民围着儿子蒋富安的遗体，放声痛哭。

他们临时凑了钱，买来崭新的彝族衣裤，给他换上，像操办自家人的后事一样。

　　知道蒋锋是"小蒋书记"的父亲，村民跑来握住他的手，不停喊着"蒋阿爸"。

　　彝语里，"瓦吉"意为悬崖，四川省美姑县九口乡四峨吉村就在瓦吉山上，海拔 3000 多米。

　　从乡政府到"悬崖村"，6 公里，不通车。每天一早，村民就能看到这个身手敏捷的青年，从云海里"翻"上来，无论酷暑严寒。

　　在这个还有许多人不识字的地方，没有多少人搞得清他是个什么干部。他手里拿着一个本，跑遍了全村 4 个组，能说彝语，每家人都要聊天。

　　清秀的字迹记满了所见所思：

　　12 月 5 日至 6 日，访问在九口小学就读的单亲家庭学生……需向单位申请 1124 位学生书包文具，已办结。

　　12 月 10 日至 12 日，探访全村外出务工现象……问题和困难是语言障碍，外出务工人员少，缺乏领头人，需要进行劳动技能培训。

　　12 月 13 日至 14 日，走访石一作曲、石一妞妞、石一阿黑等 3 个孤儿的生活环境和家庭情况，需要积极寻找爱心人士，资助其上初中、高中、大学！

　　…………

　　就这样，一步一步走，一句一句问，一条一条记，一件一件做。

　　一年间，蒋富安踩坏了 3 双鞋，各家门前的狗见到他不再吠，全村 721 个村民把他当成了亲人。

　　孩子才 26 岁，蒋阿爸心里难受啊！

　　孩子来这里的时候，他不知道这里这么远。

蒋阿爸尝试阻拦，父子俩争执起来，儿子直接抛出一句：

"阿爸，凉山缺人啊，你是党员，我也是党员，我要到最需要我的地方去！"

值得吗？蒋富安曾说："我的快乐就是乡亲淳朴的问候和充满希望的眼神。"

值得！乡亲们争着把"小蒋书记"做的事，一件件讲给阿爸听。

忘不了，他把村里几十个娃儿送进了学校，又把自己的工资一次次塞到贫困户手上；

忘不了，搞定两万斤马铃薯种子后，很少言笑的他笑喊："我办了件大事！"

更忘不了，他用彝语开心地介绍自己的彝族名字，"伍力补儿，意思是'向着好方向'"……

从大凉山腹地到西海固深处，从高原牧区到革命老区……无数扶贫英烈付出了满腔赤诚。

高考前夕，贵州省天柱县五福村帮扶干部傅杰的儿子隐约听闻父亲去世的消息。他哭着给妈妈打电话，想要听听爸爸的声音。

妈妈说："爸爸睡着了别打扰。"儿子只能半信半疑，一滴眼泪一个字地答完试卷。

那个声音洪亮、走路带风的老爸，怎么就这样悄无声息地躺下了？那个孝敬父母、疼爱妻儿的男人，怎能就这样毫无牵挂地离开了？

已经查出有先心病，依然马不停蹄；生病住院的梦里，他嘴里念叨的还是贫困户的名字；进手术室前，他只留下一个公文包、一堆扶贫材料、一台笔记本电脑……

"爸，你怎么不等我？你起来，我背你回家！"殡仪馆里，最后一次见爸爸，儿子哭喊着，想要拉他起来。

可是爸爸太累了，他怎么也拉不起来。

至亲永隔，肝肠寸断。

贵州省遵义市汇川区驻村干部余永流写给女儿的信，触发了亿万网民的泪点。

满怀亏欠，他愿深爱的"公主殿下"安好，茁壮成长；满腔热爱，他更愿深念的父老乡亲安好，蒸蒸日上……

功成身退，你不告而别；胜利时刻，你从未走远。

捧一抔土，洒一杯酒，祭奠忠魂，缅怀"亲人"。

二、最后的气力，也要留在这特殊的战场

保肝药 12 片剂、止疼药 6 片剂、胃药冲剂 3 袋、清肝利胆口服液 6 小瓶、胃必治和依托考昔片 6 片剂，还有稳心颗粒冲剂 3 袋，以及华蟾素胶囊、奥施康定、复方甘草酸苷片、补中益气丸、恩替卡韦片……

青海省玉树市下拉秀镇苏鲁村原驻村第一书记弋肖锋下乡时用过的那只旧皮包，妻子普布卓玛一直保留着。

仿佛打开了包，就能看见他一边工作，一边将一大把药片胡乱塞进嘴里。

青海南部，下拉秀镇，海拔 4000 米以上的苏鲁村，可谓"贫中之贫"。

玉树市人民法院四级高级法官弋肖锋，一到这里就扎下了根。

今年 48 岁的更求塔巴一家 7 口有 130 多亩草场，每到冬季牛羊转场，他们就在山上过冬。

弋肖锋坐车先到山下，等来一辆摩托车，没路的地方再步行，花了整整 4 个小时，才到更求塔巴家。

"来不及喝口水，他就坐在门口的牛毛毡上登记我家的基本情况。"更求塔巴记得那天，书记满脸尘土，因为爬山太累喘着粗气。

全村 660 户，他就这样花了近 5 个月的时间，爬着山、吸着氧一一走遍。贫困户家里反复去，去得最多的有十余次，只为拿出量身定制的精准脱贫方案。

很快，村里为建档立卡贫困户的牛羊免费上了保险；生态畜牧业专业合作社对接市场；部分劳动力开始通过挖虫草、跑运输增加收入……弋书记驻村不到两年，建档立卡贫困户孩子入学率从 60% 上升到 100%。

村民们发现，弋书记的脚步越来越慢，脸色也越来越差。2020 年 11 月 20 日，为控辍保学连续奔波几天后，普布卓玛硬拉着他去了家附近一家诊所。

诊所要求他至少每天来打一次吊针。可是坚持了大概四五天，他又跑出去了……

被送进医院重症监护室前，他还对同事让丁说："等我出来，一起去村里，赶在年前把压力锅发下去。"

然而，53 岁的弋肖锋终因病情恶化停止了呼吸。

"他太忙了，也许诺过，但从没有一起去照相馆照全家福。"普布卓玛颤抖着手指，翻开已经斑驳的婚礼照片，再也说不下去。

为什么这样？

脱贫攻坚已进入最后的冲锋，共产党人对老百姓的承诺，必须如期兑现！

苦甲天下的定西，贫困就像六盘山区的山头，翻过一座，又是一座。

难啊！山大沟深，村情各异，大水漫灌不行，撒胡椒面更不行，脱贫资金必须用在刀刃上。

此刻，一位当年从甘肃庆阳走出的高考状元，把毕生所学都投入到家乡的脱贫攻坚事业中。

2014年初，甘肃省临洮县政府办公楼会议室挂起了县长柴生芳亲手绘制的两幅地图：全县323个行政村细分为125个产业示范村、130个产业潜力村……不同的彩色图标分别对应着马铃薯、羊、牛、百合、中药材。

3年，323个行政村走遍281个，走访群众5000多人次。

3年，29本、170多万字的工作日记，记录了他每次调研、学习的心得。最后一篇，停留在2014年8月14日。

这一天，他处理了8项工作，连续工作了17.5个小时：听取水务局汇报、接待两位上访群众、调研引洮工程并召开座谈会、主持"捐资助学表彰暨资助优秀贫困学生大会"、考察县城主干道改造工程……

这一天，最后一项会议集中商讨了22大项53小项事务，持续了6小时，柴生芳坐在位子上没离开过一步。

2014年8月15日，早餐时间，一向守时的柴县长没有出现。等了许久的人们打开门时，才发现他已悄然离世。

生命最后24小时，他"把每一分钟都用在了工作上"。时任县政府办公室主任龙小林说，柴县长好像只在早晨从办公大楼出发的时候，习惯性地啃了一块馍馍。

匆匆，太匆匆。

天津援疆干部席世明生命的最后一天，是一个星期日。患有高血压的他照旧从早到晚，忙着接洽商务考察、忙着整理文件，就是忘了吃降压药。

他已经连续两天没吃药了，送到医院抢救时，鲜血已充满颅腔。

收拾他的遗物，打开他的冰箱，囤积最多的就是方便面、冻馒头，甚至还有去年端午节的粽子……

夕阳西下，彩霞满天，一名妇女站在上胭村口，一曲"花儿"随风飘远——

"走咧走咧，走远咧，

越走呀越远了，

眼泪的花儿飘满了。

哎嗨哎嗨哟，

眼泪的花儿把心淹了……"

歌中"走远"的那个人，是宁夏泾源县黄花乡原党委书记马新娟。

2015年10月，马新娟已经在上胭村住了一月有余。天天吃住在村上，劝说村民放弃冬小麦、改种玉米，为肉牛养殖储备更多饲草种植面积。

可是，这是千百年来的耕种习惯啊！她挨家挨户地做工作，村民还是自顾自地准备种小麦。

眼瞅着第二天要播种了，马新娟把所有村干部叫来："凌晨5点，大家准时到地里守着。"

天蒙蒙亮，村民马金虎已经把犁套在牛头上，准备下田。一把拽住牛头，马新娟问："为啥不听劝嘛？一亩冬小麦打个300斤，能干个啥？"

马金虎也不示弱："祖祖辈辈都种小麦，种出来咋也能有个口粮。种玉米给牛吃，万一种不成，人吃啥？"

马新娟又耐心解释："一亩玉米收 1000 多斤，卖了钱还愁买不上口粮？"

就这样，一家一户劝回去，一季试种就尝到了甜。

3 年间，黄花乡贫困人口从 3571 人下降到 68 人，马新娟的体重从 140 斤下降到不足 100 斤。

以分秒计算的战役，每个人都太忙了，忙得发现不了她罹患淋巴瘤的秘密，更忽略了她接受化疗后的身体反应。

直到去世，她也没有透露自己患重症的消息。"决战在即，她希望我们心无旁骛。" 黄花乡党委原副书记于杰说。

临终前半个月，马新娟全身肿胀，必须靠注射杜冷丁止痛。一天，已经坐不起来的她突然对家人说"想去乡镇和县城看看……"

悄悄擦干泪，轻轻抱起她，丈夫把她放在越野车后备箱的位置，妹妹把她的头扶在自己腿上。

刚通车的旅游扶贫公路她看了，新建的高速公路她看了，路边的花她也看了……窗外的风景一幅幅掠过，那是熟悉的山川、河流、村庄，她都曾走过。

把最后的力气留给绵延群山，把最大的不舍洒向条条江河。

澎湃不息！

三、生命的绝响，迸发信仰的力量

一对印有"囍"字的大红灯笼无声高悬，映得下方的挽联惨白刺目。灯笼是新的，挽联也是新的，空荡荡的房间，仿佛还回响着那对小夫妻的欢笑。

28 岁的吴应谱和 23 岁的樊贞子是江西省修水县的一对"扶贫夫妻"。2018 年 12 月 16 日，在看望贫困户后返程的路上，他们自驾的汽车不慎坠落在公路下方的水潭中⋯⋯

那天，是他们新婚第四十天。

变形的后备箱里，还装着帮贫困户游承自代卖的 3 只土鸡。

"游爷爷！以后我来帮扶您，希望您满意！"时隔两年，年近八旬的游承自常常呆坐在门廊，仿佛这样，就能把那个戴眼镜、笑眯眯的"孙女儿"等回来。

一次次捎来八宝粥、新棉袄、电饭煲，一次次把卖鸡的预付款塞在他手上，一次次让他觉得老伴去世、儿女在外的日子还有光⋯⋯

樊贞子曾在日记中这样写道："有付出就会有回报⋯⋯始终坚持做自己认为对的事情，无论如何，永葆一颗赤子心，不要丢弃善良、纯真、真诚。"

或许曾有一时冲动？当她第一次走进双腿残疾的贫困户丁彦旺家中，曾经难以相信自己的眼睛："怎么还有这么可怜的人？连温饱都解决不了⋯⋯"

从此便是一往情深。就在这片大山里，她遇到了一见钟情的吴应谱，携手蹚过那深深浅浅的泥洼路。

这个原本爱穿长裙的"小公主"套上了耐脏耐磨的仔裤，即使泥巴裹满裤腿，也毫不在意。从小怕黑的她，渐渐习惯了独自在邻近墓地的宿舍楼值班过夜。

夫妻二人分在两个最偏远的乡镇驻村，隔着 100 多公里山路。不到一年，吴应谱就走遍全村 14 个自然村，写满 8 本工作日志，摸透了 62 户 263 名贫困户的情况。

虽然她偶尔也会抱怨他太忙，说自己谈了一场"异地恋"，可过后却又满是心疼，然后甘愿隔着手机屏幕，一边加班，一边相守。

谁不愿意花前月下？谁不留恋人间烟火？

连续多天高强度的工作后，广西百色靖西市安宁乡汤亮村原驻村第一书记张华突发脑溢血，倒在了村部办公室。

驻村441天，陪伴他走村入户的电动车，里程表永远停在3268公里。

2019年6月1日，张华终于没有爽约，参加了儿子学校举办的亲子活动。

这是父亲第一次陪孩子过儿童节。父子俩，在草地上玩两人三足的游戏，配合那么默契，笑得那么灿烂……

张华的笑容里，是全村脱贫摘帽的喜讯，是终于抽出时间回老家探母的欣慰，是准备打造溶洞旅游景点、修建田间地头水柜、实施雨露助学计划的踌躇满志。

可是，短短两天后，儿子再也看不到父亲的笑容……

原来，他不能理解父亲最常挂在嘴边的话："人总要做几件有意义的事。"

现在，看着赶来送别的人群，儿子懂了。爸爸做的有意义的事，就是为患癌的贫困户连夜筹借医药费，就是帮返乡务工的人申请补助、提供支持，就是让更多的人相信：勤劳能致富、奋斗能幸福！

"一路走好，父亲，我的英雄……"

遵照他生前要求，张华家人捐献了他的心脏器官。

捧出一颗心来，不带半根草去。

共产党员的赤子之心，始终为人民而火热。

"贫困户周光文、胡克勋的新房盖好了，原有电视机有故障，需准备两台送去。明天还是周光文的母亲73岁生日，老人家一辈子没看过电视，要是能在生日的时候看上，该有多好。"

为了凑齐这两台电视机，四川省古蔺县扶贫干部余芬到家后二话不说，拆下自家的一台，又拉着丈夫上街买上一台新的，匆匆上路了。

就在途中，一场意外的车祸，夺去了她 45 岁的生命。这时，人们才得知，这个"衣服总是打着补丁"的女干部曾经默默资助 28 名贫困学生，给困难群众捐款数万元……

"也许我的命运就像这豆芽一样，洁白枝干的背后，充满着对于生活的热爱……"余芬曾回忆母亲走街串巷，用三分钱一碗的豆芽凑齐每月 4.5 元的学费，供她读完初中。

你一碗，我一碗，乡亲们递来的皱巴巴的分分角角，填满了她的少年记忆，埋下了一颗报恩的种子。

"我们共产党人好比种子，人民好比土地。我们到了一个地方，就要同那里的人民结合起来，在人民中间生根、发芽。"余芬生前的日记，倾诉着火热的初心。

来的时候是一粒种子，去的时候是硕果满园。

台风呼啸，暴雨倾盆，本该在家休息的曾翙翔一早 6 点，冲出家门，来不及吃一口饭。

脱贫攻坚势头正好，胜利成果来之不易，绝不能让村民因灾致贫、因灾返贫！

一路辗转近 2 个小时，他赶到路湖村，先是带着村民加固堤防，下午又挨家挨户走访孤寡老弱。忙到傍晚，转移了 3 位独居老人，他又只身驱车前往另一个自然村。途中冒雨查看灾情，不慎触电牺牲。

29 岁的生命，就这样留在那个风雨交加的夜晚。

"我有充满爱的心怀，亦有把爱洒向人间的意愿和实际行动。相信我的爱没有终点，期待着有一天能肩负中国共产党的使命，成为中国共产党的一员。"

芳华因信仰而璀璨，生命因炽热而永恒。

一封入党申请书，是曾翙翔无悔的选择，也是扶贫英雄们信仰的诠释。

四、梦里盼你，回咱家乡看看

开一条路，燃一盏灯。在脱贫攻坚的战场，英雄用生命点亮的，是老百姓心中的灯。

2021 年 1 月 8 日，中国化学工程集团派驻甘肃省庆阳市华池县挂职副县长邱军静静合上了双眼。

弥留之际，他用发抖的手写下 3 件事：

"一是把自评报告交宋部长。"

"二是全年和四季度工作总结，数据完善到 11 月 30 日。"

"三是明年的牛产业要做大，菊花产业要做强，乡上和村上工作要加强……"

来不及了，他没办法仔细研究乡村振兴的衔接方案了。

来不及了，他没力气再给妻儿做顿简单可口的饭菜了……

"张大姐，我来看你了。"斯人已去，华池县高台村的张应芬常常恍惚地觉得，那个说话轻声细语的副县长又出现在家门口。

她还记着，儿子刘国荣考上大学，"邱弟弟"特意送来皮箱、皮鞋和运动鞋。

"考上大学，总不能还穿布鞋，男孩子一定要有一双皮鞋和一套正装，今后有很多正式场合用得到。就当邱叔叔送你的升学礼物。"

后来，刘国荣才知道，邱叔叔自己的皮鞋早就坏了，最后找遍县城，花 10 元钱将鞋底扎紧了，一双新皮鞋在他手机购物车里躺了半年，没舍得买。

曾经，日子就是"天上下雨地上滑，自己跌倒自己爬"。邱县长来了后，张应芬家房子变干净了，人变勤快了，生活也好起来了。

而今，那个"就像前方一束光"的人走了。张应芬牢牢记着他的叮嘱，"要把日子过得一天比一天好"。

有时，贵州省六枝特区大箐村驻村干部郭太国还会忍不住，想给一起并肩战斗过的大箐村原驻村第一书记倪裔豹发信报喜：

"村里的魔芋、辣椒、车厘子种植面积扩大了，曾经接受你资助的小尚大学毕业后应聘回村了！"

他还时常想起，一个夏夜，他们从村民家出来，困极了，直接找了块草坡席地而卧。山里寂静，他们仰头，就像孩子一样数着星星睡去⋯⋯

现在，夜深人静，久久凝望星空，他总想找到那颗最亮的星。

一起攀过山、蹚过河，一起咬过牙、流过泪，多想让他看看今天的胜利啊！

"大坪村眼下百花盛开，蜜蜂跟我们一样忙。你没能见到成效的产业——蜜蜂集中养殖，如今成了！"

离开大坪村的时候，加拿大留学生李云起特意登上半山，来到文伟红的墓前。村民隔三差五送来的山花，开得正艳。

"他给很多人的生活带来了希望和鼓舞，他把自己的一生都奉献给了这片土地和这里的人们。"擦去为英雄而流的眼泪，李云起想要把大坪村的故事讲出来，让更多人知道"消除贫困是当今世界面临的最大的全球挑战之一，也许其他发展中国家可以相互学习，借鉴中国脱贫攻坚的经验"。

开一条路，燃一盏灯。在脱贫攻坚的战场，英雄用生命点亮的，是通向幸福的明灯。

山西省忻州市五台县马家庄村村口的小饭馆开起来了，老板杨俊伟在心底对已经离世的扶贫干部张建山说："还盼着您给饭馆起名字呢。"

新疆于田，杭州企业的工艺品厂房已经盖好，负责人赵钢想告诉席世明：1000多个维吾尔族同胞，马上就能就业了！

昔日的沟壑纵横已成坦途，曾经的旱渴荒凉化作安康，曾经的观望等待变成奋斗。

开一条路，燃一盏灯，英雄用生命熔铸的信仰之灯，薪火相传，生生不息。

2016年，四川江油小坝村摘掉贫困村的帽子，成为乡里首个人均收入过万元的村。就在这年12月20日，走访贫困户途中，村支书青方华父子的车意外坠崖。

48岁的红军后代青方华走了，他的儿子青杨在车祸康复后，递交了入党申请书。

筚路蓝缕，万山红遍。

33年，农业果树专家糜林走进中西部地区4个省份、20多个县，累计培训农民16万多人次，帮助农民增收10亿多元。

这个戴着草帽、挽着裤脚、晒得黝黑的"果树保姆"，好像带着一个有求必应的"百宝箱"，农民需要啥他就能拿出啥。

2020年2月18日，糜林因长期积劳成疾不幸牺牲。他的手机仍然不断收到农民的咨询电话和微信。

　　"我这辈子最过瘾的是干了两件事，一个是把我变成农民，一个是把越来越多的农民变成'我'。"

　　反复回想着父亲的话，女儿糜蓉作出了一个决定：把父亲留下的手机交给他的徒弟万春雁。

　　"你好，我是糜林的徒弟万春雁，我将继续为您服务。"当万春雁的声音通过糜林的手机传出去时，农民兄弟安心了——

　　糜林，还在！

　　壮志已酬，英雄笑慰。

　　在广袤的大地上，一幅幅乡村振兴的蓝图，接续传递。

　　在以初心赴使命的时代丰碑上，你们的名字历久弥新！

　　（吴晶、陈聪、屈婷、熊争艳、邹多为、郝晓静、黄垚、王明玉、范思翔、徐壮、王大千、赖星、蒋成、王朋、梁军、谢佼、张亮、何伟、杨静
《人民日报》2021年2月23日第7版）

把青春奋斗融入伟大事业

扎根边远地区，挥洒青春汗水

去最边远的地区，用脚步丈量祖国大地；到最艰苦的基层，用实践锤炼意志。去祖国最需要的地方贡献力量，是挑战，是磨练，更是无悔青春的生动注脚。

两度入藏，倾心奉献，王海洋选择在艰苦藏区绽放青春。2009年，王海洋响应国家号召在校入伍。2011年，王海洋作为连队尖子兵，被挑选奔赴藏族聚居区执行任务，圆满完成任务并荣立三等功退役返校。2016年，即将毕业的王海洋再次踏进藏族聚居区，成为拉萨尼木县吞巴镇扶贫干部。学习藏语、走访群众、发展产业……很快，王海洋就摸到了精准扶贫的门路。2018年尼木县脱贫摘帽后，王海洋获得了拉萨市2018年度脱贫攻坚贡献奖。从一名"大学生士兵"到"退役复学大学生"再到"基层公务员"，王海洋在基层奉献青春的初心始终不变。

山东姑娘崔久秀，大学毕业后只身一人来到南疆基层工作。7年来，崔久秀先后经历了社区、乡镇、农场等多岗位锻炼。2018年，崔久秀担任新疆喀什地区疏附县良种繁育场党支部书记、场长，探索建立群众诉求直通车制度，为下岗职工办起农民专业合作社，为孩子们办起"红领巾小课堂"，为老年人办起"幸福养老苑"。与此同时，作为十三届全国人大代表，崔久秀将基层群众的心声带到全国两会会场，和其他代表组成"巡回宣讲团"，向群众宣传两会精神。多年来，崔久秀和当地干部群众结下了深厚情谊，像胡杨树一样深深扎根在南疆大地上。

"以平等、尊重和真诚去打开每一个孩子的心门。"2008年大学毕业之后，林文婕带着这样的初心，在广东吴川市兰石中学开启了教师生涯。山区的艰苦环境和留守儿童的学习情况，让林文婕感到，支教是需要用爱去坚守的高尚事业。2016年8月，林文婕奔赴西藏林芝市巴宜区中学支教。入藏5年多，除了高原环境和生活习惯，最让林文婕感到有挑战性的是如何夯实学生的基础素质。林文婕因材施教、积极创新，慢慢摸索出合适的教学方式，也逐渐找到了自己在这里的归属感。"希望用自己的绵薄之力，让藏族聚居区的孩子们了解外面更精彩的世界。"林文婕说。

走进田间地头，带领群众共创美好生活

当代青年，生逢盛世，肩负重任。青年人的志向应当与时代脉搏相呼应。脱贫攻坚、乡村振兴，是广大高校毕业生实现理想追求的广阔舞台。

向下扎根，向上生长。2008年，现任辽宁沈阳市苏家屯区解放街道办事处主任的吴书香，响应国家号召来到苏家屯官立堡村成为一名大学生村官。当一批批村官陆续转岗，吴书香却一次次选择留下，一干就是12年。为了做好群众工作，吴书香到村民家里拉家常，走进田

间干农活。为了改变旧的生产方式，吴书香协助村里成立了农业机械化服务队。为了壮大村集体经济，吴书香带领村民成立物业公司，发展电商，擦亮大米品牌，持续提升村民收入。吴书香实现了带动一方百姓致富的理想，本人也当选为党的十九大代表。

2018 年，刘攀飞走出海南省洋浦经济开发区规划建设土地局的办公室，来到三都区西照村任第一书记。驻村 3 年，刘攀飞兢兢业业，敢闯敢试。2019 年底，在他和乡亲们的共同努力下，西照村提前一年实现脱贫。刘攀飞还组织利用村里原有的建筑行业资源，成立了村集体经济公司，参与到海南自由贸易港建设。经过两年多的努力，刘攀飞带领大家把西照村建设成为开发区农村集体经济带头村。刘攀飞感慨，能在脱贫攻坚一线挥洒汗水，这才称得上不负韶华。

"要把所学献给脱贫事业！"这是秦倩在驻村日记中写下的话。2016 年，留学归来的秦倩来到河南西华县迟营乡孙庄村任第一书记。面对孙庄村资源匮乏的情况，秦倩开拓思路、大胆创新，创办村集体产业"邵蛮楼胡辣汤"，通过电商打开销路；引导农民发展合作社，聘请专家指导有机盆栽等；建立扶贫车间，建成光伏发电站……通过创办惠民产业，增强造血功能，群众的日子一天比一天红火。昔日的穷村庄变成了幸福的美丽乡村，秦倩也因贡献突出获得了"全国先进工作者"等多项荣誉。

告别象牙塔，和倩如放弃了在大城市工作的机会，回到家乡，成为云南泸水市鲁掌镇浪坝寨村大学生村官。和倩如的扶贫工作从走村入户开始，一家家走，一户户访，帮助村民排忧解难。从采集扶贫数据，到为贫困户寻找公益项目，再到带领村民开展网上销售……和倩如把村民当亲人，把扶贫当自己的事。2020 年，和倩如主动请缨开展易地扶贫搬迁工作。得益于丰富的农村工作经验，和倩如来到搬迁安置点后，很快成了大家的贴心人。6年扎根脱贫攻坚一线，和倩如用行动彰显了乡村振兴中的青年力量。

"认准的事，背着石头上山也要干。"福建政和县镇前镇干部魏静说，廖俊波的事迹给了自己不断前进的力量。2012年，魏静大学毕业后来到廖俊波生前工作过的政和县担任大学生村官，2018年担任政和县星溪乡念山村第一书记。从抓党支部建设开始，魏静让念山村的发展有了主心骨。接下来，成立旅游公司，开发梯田景观资源；创办茶企、民宿、合作社，延伸旅游产业链；种植特色农产品，传统村落改造提升……魏静和乡亲们一起，把念山村打造成了福建省知名的"旅游村"，村民收入和幸福感不断提升，魏静也因此获得"全国脱贫攻坚先进个人"荣誉称号。

深入基层一线，传递知识启迪智慧

基层发展离不开知识的传播和智慧的启迪。一群优秀的高校毕业生，带着知识和热情奔赴乡村，为乡村的孩子们打开了一扇窗，让他们看到一个更精彩的世界、更广阔的未来。

杨晓帅出生在一个乡村教师之家，当老师是她从小的梦想。2013年杨晓帅考上河北怀安县的特岗教师，并自愿到当时条件较差的太平庄中心学校任教。从最初熬夜制作卡片、模型、挂图等教具，到后来进行多媒体教学时精心准备有趣的视频、动感的音乐，再后来用智能手机录制讲解视频，杨晓帅想尽办法让孩子们接受更好的教育。帮孩子们给在外打工的父母打电话，为贫困家庭的孩子承担书本费，每月

3 次到 40 公里之外的残疾儿童家里"送教上门"……对于留守儿童，杨晓帅是老师也是"家长"。8 年来，杨晓帅和孩子们相互陪伴共同成长，2019 年被教育部授予"全国优秀教师"称号。

"到农村去，到基层去。"2007 年，郭慧慧带着这样的信念来到安徽濉溪县徐楼中心学校支教。工作上，她是语文老师，还是音乐、美术老师。她组织联欢会，筹办校广播站，建立校学生会，尽其所能让孩子们快乐学习。生活中，她是孩子们的贴心人，她关爱留守儿童，给孩子们补习功课、做心理辅导，自己掏钱为孩子们买课外书，开拓孩子们的眼界。两年的支教生活，郭慧慧付出爱心也收获满满。如今，担任濉溪县人社局党组书记、局长的郭慧慧依然在服务群众中实现自己的人生价值。

10 年前，袁辉来到湖北武陵山区的巴东县的山村小学支教。这个从南京来的大学生能在山里待多久，村民们心里也没底。但袁辉在这里一待就是 7 年。山里的生活条件很苦，可袁辉苦中作乐。在袁辉的课堂上，别致的设计、幽默的语言、活跃的气氛贯穿始终，孩子们学在其中、乐在其中。心有大爱，袁辉默默奉献：为了给患有罕见病的孩子补课，他每周往返几十里山路，坚持 6 年风雨无阻；为了帮助贫困学生，他逢年过节都会去孩子们家里送温暖；为了改善孩子们的生活条件，他四处奔走联系捐赠。多年来，袁辉有很多机会可以离开山村学校，但他都放弃了，他舍不得山里的孩子们。如今，袁辉在湖北建始县高坪镇望坪初中继续着他所热爱的支教事业。

（赵兵《人民日报》2022 年 5 月 10 日第 6 版）

贵州省遵义市原草王坝村党支部书记黄大发——

"共产党员就是要干一辈子"

在贵州省遵义市播州区平正仡佬族乡团结村（原草王坝村）的中心广场上，一群游客正围着一位老人合影，他就是原草王坝村党支部书记黄大发。很难想象，山后悬崖峭壁上那条绵延近 10 公里的水渠，竟然是眼前这位个头不高的耄耋老人，带领老乡们一锤锤凿、一钎钎撬，历时 36 年开凿修建而成。

潺潺渠水，泽润了祖祖辈辈干渴贫穷的村庄，也讲述着一个当代"愚公移山"的故事。

"立志为大家做好三件事：引水、修路、通电"

左手扶着空木桶，右手拿水瓢，中年男子半蹲在地，盯着身旁一眼锅盖大小的水泡子……在大发渠党性教育陈列馆，一尊名为"水贵如油"的雕塑，生动复原了当年草王坝村群众的艰辛生活。

长期以来，全村人畜饮水都指望一口泛着黄沙的小水井，地里庄稼则全靠"望天收"。1935 年出生的黄大发对母亲最深的记忆，就是站在水缸旁一次次嘱咐自己不要浪费水。

吃百家饭长大，黄大发对乡亲们心怀感恩，渐渐萌生了一个朴素而又坚毅的信念：一定要让大伙儿喝上干净水，吃上白米饭。1958年，黄大发被推选为草王坝大队大队长，第二年他光荣加入中国共产党。

"从那时起，我就立志为大家做好三件事：引水、修路、通电。"

经过几番走访调查，他盯上了从邻村流过的一条小河。尽管与水源地相距仅数公里，但两村之间横亘着上千米的高山绝壁。要想让这股清泉源源不断地流进草王坝村，唯一的办法便是开山修渠。

"草王坝的水，就是要拿命去换。只要把水引过来，地里就能种上水稻，我们就能吃上大米饭。"黄大发发动数百位村民，背上钢钎和铁锤，一头扎进了大山深处……

"我的梦想就是把家乡建设好"

开凿修建这条渠要绕三重大山、过三道绝壁、穿三道险崖，转眼20多年过去，草王坝村几乎没有发生多大变化，村民的日子依然穷苦。

"黄书记，是大米饭好吃，还是你们草王坝的包沙饭好吃？"一次去参加全乡大会，午饭时，有位干部看到黄大发，随口开了句玩笑。这句不经意的戏谑，深深刺痛了这位中年汉子，也激起了他重新修渠引水的斗志。

黄大发想明白了一个道理：没有技术，光靠蛮干，注定修不成渠。"我要学技术，要争一口气！"1989年，54岁的黄大发被选为水利辅导员，安排到枫香水利站跟班学习。此后3年，黄大发把所有精力都用在了学习专业水利知识上。

1990年，草王坝村遭遇大旱，腊月还没过完，许多村民已经连杂粮饭都快吃不上了。黄大发再也等不及了，裹着一身单衣，连赶两天的路，徒步走到县里申请给饮水工程立项。"冻得发抖，但劲头十足，满手老茧握着扎得疼。"时至今日，时任遵义县水电局副局长的黄著文，依然清晰记得当时的场景。

终于，经过专业测绘和精心谋划，草王坝水利工程得到批复了。县、乡政府从当时拮据的财政里划拨了6万元资金和38万斤玉米。按照当时的政策，村民还要投工投劳，并自筹部分资金。算下来，全村得再凑1.3万元。

黄大发召开村民大会动员各家各户凑钱，当初费了10多年功夫没干成，一些村民难免质疑、犹豫，他当着大伙儿的面立下誓言，又拿出了100元作表率。乡亲们的热情终于再度被点燃，短短3天，1.3万元如数凑齐。

1992年大年初三，黄大发带着几百人再次上山修渠。没有吊车，他就带头用绳索拴住身体，把自己挂在悬崖上凿石；放炮需要的炸材，他带人步行数十公里到乡镇背回来；鞋磨破了舍不得花钱买，他就穿草鞋上工地，手脚都磨出了血泡……"经他手的钱不下20多万元，没有出一分差错，怪不得全村人都愿意跟着他干。" 76岁的老会计杨春友回忆。

1994年6月1日， 7200米长的主渠终于修通，清凌凌的水流进了草王坝村，大人们手捧清泉，大口大口地畅饮，孩子们沿着沟渠，跟着水流撒丫子跑……

"共产党员就是要干一辈子，我的梦想就是把家乡建设好。"黄大发说。

"不能躺在过去的功劳簿上"

引来活水后，黄大发抓住时机，带领群众彻夜挖土筑田，稻田种植面积从 240 亩增加到 720 亩，并且实现旱涝保收，村民终于过上了好日子。

同时，黄大发带着大伙儿修通了 4 公里的通村公路，领着人们肩扛手拉把电线杆架进了村，还勒紧裤腰带集资建了学校……通水、通电、通路，黄大发当年的三大愿望一一变成现实。这些年来，黄大发先后获得"时代楷模""全国道德模范""2017 年度感动中国人物"等荣誉。

"不能躺在过去的功劳簿上，只要干得动，就会一直干。"今年 86 岁的黄大发坚持下地干农活，房屋后山上的两亩地被他打理得井井有条。

在黄大发感召下，爱心企业进驻村庄持续开展帮扶行动，帮助村里将"大发渠"打造成热门旅游景点。如今，渠道边上修建了木栈道，村子里也陆续开办了农家乐和民宿。除了种水稻，黄大发还动员村民种黄桃、柚子，发展养殖业，并且通过线上线下平台出售特色农产品。

到 2020 年底，团结村人均纯收入达 1.18 万元，每年进村参观学习、休闲旅游人数超过 30 万人次。当初那个偏僻的贫困村早已脱贫、旧貌换新颜。

"等明年你们再来，我们村还会大变样呢！"指了指山顶上的高架桥梁，黄大发欣喜地说，到明年，途经村子的高速公路将开通，"到时候团结村到仁怀市只需 20 分钟，上遵义也不过半小时。游客来这里更方便，老乡们出山的路也不再遥远了！"

（万秀斌、程焕《人民日报》2021 年 7 月 26 日第 5 版）

广西百色市乐业县百坭村原驻村第一书记黄文秀——

执着的追求　闪光的青春

正是给砂糖橘树疏枝的时节，走进广西百色市乐业县新化镇百坭村，只见不少村民正顶着烈日在果园里忙碌。

"这些砂糖橘是黄文秀书记带领我们种下的致富树。"村委会主任班智华说。黄文秀是广西田阳人，2016 年从北京师范大学硕士研究生毕业后返乡工作。2018 年 3 月，她主动申请到百坭村担任驻村第一书记。2019 年 6 月 17 日凌晨，她在返回工作岗位的途中遭遇山洪不幸牺牲，年仅 30 岁。

在担任驻村第一书记的 1 年又 82 天里，黄文秀带领干部群众帮助全村 88 户 418 人脱贫。2019 年，百坭村实现整村脱贫。2020 年底，百坭村所有贫困户脱贫摘帽。

饮水思源，学成归来建设家乡

黄文秀生在百色、长在百色，学成归来又回到百色建设家乡。

百色市田阳县巴别乡德爱村多柳屯，是黄文秀的出生地。这里地处大石山区和石漠化地区，自然条件极为恶劣，只能种点玉米、甘蔗等。黄文秀一家的日子一直过得紧巴巴，直到后来举家搬迁到田阳县城城郊，条件才略有改善。

2008 年，黄文秀考入山西长治学院攻读思政专业。2011 年 6 月，她加入中国共产党。2013 年，黄文秀考取北京师范大学哲学学院硕士研究生。

"家里条件困难，小妹读高中时，就得到教育扶贫资助，读研究生时也得到国家帮扶。小妹常说，她是靠政府资助走出大山、上完大学的，她将来要回来建设家乡。"黄文秀的姐姐黄爱娟说。

2016 年硕士毕业时，导师郝海燕曾建议黄文秀留在北京。但是，黄文秀毅然选择回到家乡，立志改善家乡面貌。

2017 年，回到百色的黄文秀在石漠化片区的田阳县那满镇挂职任党委副书记；2018 年 3 月，她又主动要求到条件更为艰苦的百坭村担任驻村第一书记。

百坭村村民黄仕京曾问黄文秀："你怎么想要来这么偏远的农村工作呢？"黄文秀回答："百色是我的家乡，更是全国脱贫攻坚的主战场之一，作为一名党员，我有什么理由不回来呢？"

勇于担当，倾情奉献脱贫攻坚

为了在最短时间内掌握全村贫困户的详细情况，黄文秀翻山越岭，用近两个月时间遍访全村 195 户建档立卡贫困户。有时贫困户不在家，她就去田里，边帮他们干农活边聊天；有的贫困户不会说普通话，黄文秀就学着说当地方言。在她的日记里，有这样的文字："我发现我的方言进步了，可以和贫困户完整用桂柳话交流了。"

"你这个女娃娃还真是难缠得很哩！"听到这样的玩笑，黄文秀很开心。就这样，村民们慢慢接受了她。

百坭村有种植砂糖橘的传统，但种植模式粗放，再加上交通不便，销路并不好。于是，黄文秀联系到一家农业公司，请来技术员向村民传授种植技术。"技术员几乎每个月都来好几趟给我们上课，大家学到了先进的种植技术，还建起了标准化果园，村民以土地入股，一起分红。"在黄文秀鼓励下，种植砂糖橘多年的班统茂成了村里的致富带头人。

提高村民收入，关键是发展产业。黄文秀带领群众种植砂糖橘、八角、杉木等。经过努力，全村种植砂糖橘面积从1000余亩发展到2000余亩，八角从600余亩发展到1800余亩，优质枇杷发展到500余亩。"村里能开发的地都种上了，家家户户都有了产业。"班智华介绍。

为打开市场销路，黄文秀费尽了心思。村屯路不好，黄文秀就向有关部门争取资金，修好产业路；她还联系云南、贵州等地的大果商进村收购。此外，黄文秀还组织村民学习电商知识，建立了百坭村电商服务站。

扶贫工作非常辛苦，但从没人听黄文秀叫过苦。黄文秀担任百坭村驻村第一书记1年又82天，村集体经济项目增收翻倍。

"在我驻村满一年的那天，我的汽车仪表盘的里程数正好增加了两万五千公里，我简单地发了一个朋友圈：'我心中的长征，驻村一周年愉快'。"黄文秀在扶贫心得里这样写道。

信仰坚定，矢志践行初心使命

"文秀阿姐说的每句话，办的每件事都让我感到很暖心。"村民罗向诚说，自己曾学过汽车维修，后来为照顾父母回了村，所学技术无用武之地，只能种田养家。

黄文秀帮他申请小额扶贫贷款，办起榨油坊增加收入，并劝慰他，等村里交通发展起来了还可以开汽修铺。"如今这些愿望都实现了，汽修铺已经选址准备开业。"罗向诚说。

靠近公路的百布屯，幼儿园即将建好，下半年就可投入使用。"以后村里小孩不用再跑到外面上幼儿园了，大家方便了许多。"班智华说，这是黄文秀生前挂念的事情。

作为一名党员干部，黄文秀始终扎根群众、心系群众。村民黄妈南患有一级视力残疾，黄文秀每次遇见她都会牵着她的手，把她送到要去的地方；村民韦峰灵家三个孩子都在上学，负担重，黄文秀就帮孩子们申请"雨露计划"助学金……一件件，一桩桩，百坭村几乎每个人都能说上一两个和黄文秀有关的故事。

作为一名驻村第一书记，黄文秀还特别注重在脱贫攻坚中发挥基层党支部的战斗堡垒作用。她走访了百坭村38名党员，征求党员对全村发展的意见建议，并将他们划分为3个党小组开展各类活动，扎实推进抓党建促脱贫工作。

"黄文秀牺牲前的最后一个工作日，还在与我们开会讨论村里的工作。"百坭村党支部书记周昌战回忆，当天村里一个灌溉200多亩农田的渠道被山洪冲断，黄文秀听到消息，第一时间带领村干部到现场查看，当晚组织大家商量如何抓紧维修、申请项目，解决群众急需解决的问题，还列出了任务清单。

黄文秀在入党申请书中写道："一个人要活得有意义，生存得有价值，就不能光为自己而活，要用自己的力量为他人、为国家、为民族、为社会做出贡献。"

这份庄严承诺，黄文秀始终践行，直至生命最后一刻。2019 年 6 月，百坭村连降暴雨。因惦记村里的防汛抗洪工作，利用周末回田阳老家看望做完手术不久的父亲后，黄文秀冒雨连夜返回。不料途中遭遇山洪，年轻的生命定格在 30 岁。

黄文秀牺牲后，被追授"全国脱贫攻坚楷模"荣誉称号和"全国优秀共产党员""时代楷模"等称号。她的先进事迹和优秀品质在这片土地上传颂，激励着人们创造更美好的生活。

（李纵 《人民日报》2021 年 7 月 27 日第 5 版）

中国化学工程集团干部、甘肃省华池县原挂职副县长邱军——

苦干实干，同乡亲一起

2018 年 12 月，37 岁的邱军，从中国化学工程集团有限公司到甘肃省华池县挂职副县长，2021 年 1 月 8 日因病去世。来到华池后，邱军推广奶牛养殖、沙棘育苗，紧抓技能培训、促进劳务输出……2019年华池县整体脱贫，邱军被评为甘肃省脱贫攻坚帮扶先进个人。2021年 2 月，全国脱贫攻坚总结表彰大会中，邱军荣获"全国脱贫攻坚先进个人"称号；2021 年 6 月，国资委授予邱军 2021 年"央企楷模"荣誉称号。

"我要珍惜回馈乡亲们的机会"

2018 年 12 月，邱军主动请缨，经过集团选拔，来到华池县，挂职副县长。"我要珍惜回馈乡亲们的机会。"邱军在日记中这样写道。

华池是革命老区，上世纪 30 年代，刘志丹、谢子长、习仲勋等老一辈无产阶级革命家，以华池县南梁为中心，建立了陕甘边革命根据地。这里干旱缺水、资源匮乏，直到 2019 年前还戴着"穷帽子"。"贫穷不该是革命老区的代名词！"邱军曾对同事说。

"邱副县长天麻麻亮出发，夜幕四合才返程。"华池县政府办公室干部魏建飞记得，初来华池，邱军水土不服，嘴唇皲裂、起皮，却工作忙不停。一个多月，邱军走遍了华池县 15 个乡镇、75 个行政村，不仅理清了思路，还学会了当地方言。

几番走访，数次调研，邱军打算在城壕镇发展奶牛养殖。想法一说出，便引来一片质疑。镇上人这样评说，既没养殖经验，也无启动资金，"不切实际，纯属空想。"邱军不争辩，只是埋头干。他引进养殖企业，对接销售市场，打通上下游。"养殖企业与农户签订保底收购协议，群众没了后顾之忧。"华池县扶贫办干部闫育刚说，当年城壕镇养牛户户均增收 5000 元以上。

2020 年，邱军多方筹措资金，在城壕镇新建了一座肉牛养殖场，引进国内龙头企业托管代养，使农民年底能分红，带动了 6 个村集体增收 15 万元以上。

"黄土高原并不意味着贫穷"

近处是山，远处还是山。一道道黄土梁，看不到树，也没石头，带状的塬，残缺不全。"黄土高原并不意味着贫穷。"望着荒岭上长得欢的沙棘，邱军动了心思。

在邱军积极协调下，中国化学工程集团投入 138 万元产业发展资金，在城壕镇庄科村范台组流转土地 55 亩，新建钢架大棚 62 座，并配有灌溉机井，"邱副县长打算发展沙棘育苗，然后移栽到荒山岭上，让绿水青山变金山银山。"庄科村党支部书记阎鑫说，村里一共育苗620 万株，贫困户来务工，人均增收 1.5 万余元。

城壕镇余家砭村的燕刚、燕丽兄妹，父亲早逝，母亲瘫痪，兄妹二人守着母亲，靠低保、种地度日。2018 年底，邱军了解情况后，主动联系定点帮扶单位，让千余名像燕刚、燕丽这样的农村贫困青年，有了一技之长。燕刚取得了焊工资格认证，找到了一份月薪数千元的工作。"邱大哥让我家的生活一下亮堂了。"燕丽说。

一人学会技能，全家摆脱贫困。2019 年 8 月，在邱军推动下，华池县 27 名高中生到陕西西安学习交流。邱军还对接中国化学工程集团及所属企业举办就业扶贫专场招聘会，先后有 175 名大学生、23 名贫困农村青年实现稳定就业。

"他的心里全是扶贫和工作"

华池县出产的白瓜子、黄花菜、小杂粮等农产品，口感纯正品质佳，却因山大沟深，交通不畅，大量农产品"养在深山人未识"。

"电商或许大有作为。"去年丰收节，邱军亲自直播带货，收获 3700 多单，销售收入突破 20 万元。在邱军带动下，党的十九大代表王雅丽、民间工艺大师赵星萍等纷纷走进直播间，推荐家乡土特产。

"他的心里全是扶贫和工作。"同事这么评价邱军。去年 11 月 17 日，正在写总结的邱军，身体突感不适，但他并未在意，喝了水后，继续工作。然而，没多久，不适加剧，疼痛难挨，被送往县医院。经诊断，是主动脉夹层 A 型。后因病情严重，连夜转往西安西京医院。

病情日渐加重，邱军连话都说不出。在重症监护室最后的日子里，他向妻子要来纸和笔，颤抖着写下一段话：

"一是把自评报告交宋部长。"

"二是全年和四季度工作总结，数据完善到 11 月 30 日。"

"三是明年的牛产业要做大,菊花产业要做强,乡上和村上工作要加强……"

写写停停,呼吸沉重,笔端如游丝,一个个字,像是画出来的。邱军缓了缓,鼓劲在纸上写下:"千万不要告诉奶奶。"陪护的家属和同事,早已泣不成声,邱军用最后的力气写道:"好想一家人一起吃顿饭,我去买(菜),给你们做。"

(王锦涛 《人民日报》2021 年 8 月 31 日第 6 版)

福建宁德霞浦县松山街道古县村党支部书记孙丽美——

危急关头，冲在最前面

　　暴雨如注，桥下的水流很急，她站在桥墩上，埋着身子，正忙着清理桥下涵洞内的淤积物。突然，一个湍流将她卷进水里，任周围人怎么呼叫、拉扯，她再也没能回到岸上……

　　她叫孙丽美，生前系福建宁德霞浦县松山街道古县村党支部书记。2021年8月6日，在防抗台风"卢碧"中，孙丽美不幸殉职，年仅44岁。8月24日，福建省委宣传部追授孙丽美"八闽楷模"称号。

"始终把群众的利益放在第一位"

　　时间回到8月6日下午。

　　"书记，不好了，金沙溪的水好像要涨出来了！"

　　撂下电话，孙丽美拉上包括汤辉、樊丽丽、孙万进在内的3名干部，套上雨衣雨鞋就往楼下冲……

　　车停在村后自然村村口，不远处的金沙溪水位已没过农田。孙丽美走近一看，发现桥下涵洞已被堵住，桥面已有50厘米宽的裂缝，"再不及时清理淤积物，水冲上来，两边的良田就全毁了！"来不及多想，孙丽美冲上桥墩，压低重心，将手伸向了涵洞。汤辉三人紧随其后。

雨还在下。4人排成一排，用身体筑成了一道防洪堤。突然，一个湍流将她卷进水里，孙丽美再也没回来……

"她就是这样一个人，始终把群众的利益放在第一位。"事发后，驻村第一书记樊丽丽泣不成声。

去年底，大墓里村、沙塘里村交界处的一处山脚着火。火势很凶，孙丽美二话不说，带着十几名党员上山。车一停，她开了门就往火里冲。村里的党员彭则安拦住她："阿美，你是女孩子，往后站！"

孙丽美说："我是村党支部书记，怎么能缩在后面？"

话音未落，她抢起一棵小树就开始扑火；火扑灭了，她也被浓烟熏黑。

有人打趣："人家女孩子都是用粉化妆，你是用草木灰化妆。"孙丽美听了，竟跟着大家一起哈哈笑起来。

想起孙丽美上党课时说的话，村民彭则安哽咽了："危急关头，村党支部书记就要冲在最前面。为了保护群众的生命财产安全，她什么都能豁得出去！"

"这是给全村争取的，都给村民"

每年年底，霞浦县卫生监督所所长陈迎霞都会找到孙丽美，让她推荐几个困难党员的慰问名额。孙丽美身患重病的父亲是曾在村里任职30多年的老村干部，可名单一年年报上去，却一直没有孙丽美父亲的名字。

反倒是陈迎霞急了："阿美，今年的名额总该轮到你父亲了吧？"

孙丽美头也不抬："再说吧，我们家还不需要，先把名额让给别人。"

她铁面无私。亲侄子找到她，希望争取早点入党，可没想到孙丽美一口回绝："发展人选是大家投票定的。你还得继续接受考察，今年先发展其他年轻人吧。"

她对群众满是温情。村里人多，怕防疫物资不够，她想方设法为村民多要点口罩，便成天追着陈迎霞："姑姑、姑姑，我这事就靠你啦！"

好不容易拉来的慰问物资，她从不给自己和家人留一件。陈迎霞硬塞给她，孙丽美还跟她急红了眼："我不要，这是给全村争取的，都给村民！"

"古县村就是我家，村民都是我的家人"

这两天，樊丽丽老是回想起自己刚来村里时听到的一句话，"樊书记，你来我们古县村挂职，就是我们古县村的人啦。以后，古县村全村都是你的亲戚！"

这话是孙丽美对樊丽丽说的，也是孙丽美的心声。

人人都说，孙丽美心中有"一本账"。"账本"里，装的是全村3000多名村民，装的是家家户户难念的经，装的是村子未来的图景。

过去，古县村村民日子过得不好。2018年7月，孙丽美当选村支书，她的身上担着村子的希望。地不够，孙丽美带着村民出村租地发展"飞地经济"；蔬菜储存难，她让侄儿带头兴建蔬菜冷库；产业单一，她鼓励乡贤建设农庄，发展旅游，促进贫困户就业……仅仅两年多，2020年底村集体收入达15万元。

一年365天，孙丽美总是陪伴在群众身边。开始时，她的办公室设在三楼。见有群众找她不方便，她当天就把资料一拾掇，搬进了二楼的办事中心。楼梯口一上来，第一眼看到的就是她的座位。

她把村委会办公楼当成自己的家，群众办事"随到随办"；谁家有什么难处，她"随叫随到"。

她记性很好，每个月都记得给村里糖尿病、高血压的村民拿药；她又仿佛忘性很大，自己被查出疾病，却一直拖着……

孙丽美生前常对丈夫杨亮顺说，"古县村就是我家，村民都是我的家人。"出事当天，杨亮顺赶到现场，看到金沙溪两岸、河道里，围满了村民，"整个村的人都出来了，大家都惦记着他们的'阿美书记'……"

（王崟欣《人民日报》2021年8月31日第6版）

五、赓续文脉 启迪当代

他们是中华文化的讲述者、传播者和传承者。他们为考古事业躬身田野、接续奋斗,为学术研究甘坐"冷板凳",以优秀的作品鼓舞人,用真实的故事激励人,致力于讲好中国故事,赓续中华文脉。

听考古领队讲述考古发掘背后的故事——

为中华文明图谱勾勒精彩一笔

山西陶寺遗址考古领队高江涛——
"考古的魅力就在于常常有惊喜"

陶寺遗址位于山西省襄汾县，距今4300年至3900年，是中华文明探源工程"四大早期都邑性遗址"之一。1978年，陶寺遗址正式开始挖掘。40多年来，大规模墓葬群、280万平方米的大型城址、气势恢宏的宫城宫殿遗址等先后被发现。

高江涛与陶寺遗址结缘是在2003年，刚进入中国社会科学院研究生院读博士的他，来到陶寺遗址实习。

"刚来就碰到一件大事。"高江涛说。2003年，陶寺发掘出观象台遗迹，不少考古学家对此持怀疑态度：观象台遗迹中的观测缝是怎么来的？4000多年前古人的观测点在哪里？带着这些问题，当时的领队、中国社会科学院考古研究所研究员何努带领同事进行进一步发掘……

有一天，高江涛在观测台地面上意外地发现了一道弧线，里面是花夯土，外面是生土，一铲一铲挖下去，弧线越来越长，最终封闭成一个大圆。继续挖掘，最后出现了内外4个圆形夯土组成的台子，最里面的圆心跟大家推测的观测点基本一致。"我们与古人的想法不谋而合！"考古队员们为此兴奋了好几天，"考古的魅力就在于常常有惊喜。"

2012 年，陶寺遗址重新勘探宫殿区，意外地发现了陶寺宫城。当时，高江涛和同事偶然下到一处冲沟里，发现断崖断面似乎有夯土痕迹，他们顺着断崖一口气挖掘了 50 多米，发现断面竟然全是夯土。"高度疑似内城城墙。"高江涛回忆。

经过一年发掘，果然发现了四道城垣围起的一座近 13 万平方米的宫城。"宫城的发现，证实陶寺在陶寺文化早期就有可能是一座都城。"高江涛说，这也是中国目前发现的真正意义上的最早的宫城。

2013 年，高江涛成为陶寺遗址考古领队。他走遍了陶寺的沟沟坎坎，见证了陶寺遗址很多重大的考古发现。他将陶寺遗址发掘的意义概括为"几个点"："陶寺是百年中国考古的亮点、五千多年中华文明的重要节点、中华文明形成过程中内涵特质的焦点……"

一年有 8 个多月在野外调查，常年风吹日晒，今年 48 岁的高江涛看起来有些沧桑。但一说起陶寺，他总是神采飞扬。"考古队现在有 12 个人，90 后是主力，还有两个 00 后，我是年纪最长的！"高江涛说，"未来，我们还要发掘陶寺遗址手工业作坊区，探索陶寺水系布局结构。"

这几年，高江涛开始更多地思考陶寺遗址的开发利用。他坦言："陶寺遗址公园建设和文旅发展起步有点晚。"为了让更多人了解陶寺遗址，高江涛经常活跃在各种讲座、研讨会、展览等活动上。

"今天，考古的外延越来越大，只懂考古已经做不好考古。一个考古人，应该为文化遗产活化利用贡献更多才智。"高江涛说。

安徽凌家滩遗址考古领队张小雷——
"喜爱考古就不觉得枯燥和辛苦"

在安徽凌家滩遗址考古现场，总能见到这样一个身影。不同于在探方里一遍遍刮面、划线的其他考古工作者，他习惯围着探方打转，一手摸着下巴，两眼紧盯前方，总是若有所思。在他看来，考古不仅要靠体力，更要靠脑力，"边发掘边思考，才能有更多令人惊喜的发现。"

这个人便是凌家滩遗址第三任考古领队、安徽省文物考古研究所史前考古室负责人张小雷。2020 年，凌家滩遗址被纳入新一轮中华文明探源工程，考古工作再次启动，36 岁的张小雷被任命为领队。

高三那年，安徽蒙城尉迟寺遗址启动发掘，得知消息后，自小喜欢历史的张小雷，骑着自行车，奔波了 100 多里路，从家乡安徽利辛县赶到遗址现场。

"第一次现场看考古发掘，跟书上讲的不太一样。"那一年高考，张小雷如愿考进安徽大学历史系，此后又考取了山东大学的研究生。2010 年研究生毕业后，他来到安徽省文物考古研究所工作。

在第二任领队吴卫红主持凌家滩遗址考古时，张小雷已经参与了相关考古工作。在接手主持遗址考古工作后，张小雷带领团队对凌家滩遗址的大型红烧土遗迹片区、外壕北段进行了发掘。

走进凌家滩遗址一处展示区，远远地就能看到搭建在西侧的白色大棚，棚中是张小雷和团队的重要发现。"在这里，我们共挖掘出各类器物 260 余件。"张小雷介绍。

考古发掘是一项精细的手艺活，需要十分的耐心。"为了尽可能还原这里的形成过程，刚发掘时，这里被分割成一个个 30×30 厘米的小方格，大家数着格子，拿着小刷子、小铲子，趴在地上清理了一个星期，才挖了几厘米深。"张小雷边模仿发掘动作边说。

"考古工作中最激动人心的莫过于文物出土的时刻。"到现在，张小雷还清楚地记得发现龙首形玉器时的场景。"那是 2022 年 4 月 12 日下午，已经到了下班的时间，大家正在做收尾工作。队员赵波在清理发掘现场东北角的大口尊时，发现底部有一件玉器。"张小雷回忆，刚出土时，玉器上盖满了泥土。

继续清理，张小雷发现这个玉器造型非常奇特，一端阴刻成龙首形略上翘，另一端为尖锥形。这是我国史前考古中从未发现过的玉器形状，而且工艺精湛。

张小雷常说，自己是幸运的，遇见了凌家滩。在他看来，配合基建项目的考古才是大部分考古人的常态：打点、布方、挖土、画图……这些基础工作枯燥且辛苦。张小雷说，是"热爱"支撑他一路走到今天，"喜爱考古就不觉得枯燥和辛苦"。

入冬后，天黑得早了，张小雷总觉得时间不够用。忙完一天的现场考古发掘工作，扒拉几口饭，他又匆匆地赶回办公室。"张敬国、吴卫红等老一辈考古工作者几十年艰辛探索，才让凌家滩文化展现在人们面前，我们要继续努力。"张小雷说。

山东城子崖遗址考古执行领队张溯——
"触摸陶片，我感受到了历史的温度"

北风冷峭，在山东济南市章丘区城子崖遗址发掘现场，张溯握着一把手铲，小心翼翼地刮着土层，窸窸窣窣的声响在周围回荡。

80后张溯是山东省文物考古研究院副研究馆员。张溯笑言，自己是"阴差阳错"地与考古结了缘。

"起初报考的是山东大学中文系，结果被调剂到考古专业。在文学和影视作品中，考古过程跌宕起伏、生动有趣，实际上考古工作很平淡、枯燥。"张溯说。

为何能坚持？"从书本走向实践，兴趣油然而生。"张溯说，"上课时，老师用粉笔在黑板上画出一件件文物；大三实习时，我来到济南月庄遗址，触摸陶片，我感受到了历史的温度。"

横贯齐鲁大地的齐长城，沿泰沂山脉迤逦而行。2008年，山东启动"齐长城资源调查项目"，刚参加工作不久的张溯参与其中。

"老乡们称当地的齐长城为'野长城'。上山的路满是荆棘，只能请老乡在前边拿着镰刀帮忙开路，我们背着二三十斤的物资翻山越岭。"张溯回忆，有一次野外勘查，突然下起大雨，只能临时返程。一行人走到一处山涧，蹚着水前进，水淹没了膝盖，还隐约听到了狼嚎，"一颗心提到了嗓子眼儿，从中午一直走到夜里12点，才走出山。"

历经一年时间，张溯与同行队员基本厘清了齐长城泰沂山段的长度、路线、建筑方式、保存状况。"正所谓'欲学术之发达，必视学术为目的，而不视为手段而后可'，当发表出学术成果，我才读懂了这句话的含义。"张溯说。

在张溯看来，考古发掘就像"开盲盒"。"由于每一处遗址的具体情况都不一样，有时确实能开出'惊喜'，但是，过程是漫长的，必须要有一种甘坐冷板凳的执着。"张溯说。

以城子崖遗址为代表的龙山文化，是继仰韶文化之后我国新石器考古的又一大重要发现。目前，城子崖遗址已进入"考古中国"重大项目"海岱地区文明化进程研究"项目，张溯担任此次发掘的考古执行领队。

"发掘是在城址北部，遗址地层叠压关系复杂、密度大。站在探方里，就像看一处复杂的微缩景观。"张溯介绍，这两年，他们耐下心来、抽丝剥茧，细致分析每一个堆积单位究竟是怎么形成的、有何特征，叠压打破关系是怎样的，再根据堆积特征和出土陶片分析其年代……

城子崖遗址发掘的另一难点，在于涉及多学科知识。张溯不但从书本中学，还会外出"拜师"学习。在工作中，张溯结识了一名山东大学在读博士，恰巧在章丘区焦家遗址工作。"我会向他请教地理方面的知识，他也常来找我，探讨对比两个遗址的不同点。"张溯说。

"考古就是让我们看见历史的那双'眼睛'，让我们明白人类是如何从漫漫历史长河中行进至此。正因如此，才有了一代代考古人躬身田野、接续奋斗。"张溯说。

甘肃临潭齐家文化遗址考古领队毛瑞林——
"拨开层层黄土，揭开古代文明真容"

墙角立着洛阳铲，桌上堆满考古报告，连电脑桌面也是甘肃敦煌悬泉置遗址发掘旧照……一进毛瑞林办公室，"考古"的气息扑面而来。

毛瑞林是甘肃省文物考古研究所研究馆员，从事考古工作 30 多年。1986 年夏，在老家甘肃渭源县，刚刚参加完高考的毛瑞林填报了吉林大学考古系。彼时，黄土高原的小县城，考古学鲜有人知。

千里求学，第一堂专业课，毛瑞林却有些失望——学习认石头。几堂课下来，毛瑞林发现，认石头是辨别石器类型、加工方式、旧石器时代、新石器时代等概念的重要方式。此后 4 年，他课上勤学，课下勤练。一把洛阳铲，用得娴熟。"装载"完技能，毛瑞林被分配回了甘肃。在甘肃，年轻的毛瑞林正好赶上了悬泉置遗址发掘。

悬泉置位于今天甘肃瓜州县和敦煌市交界的戈壁上，是汉朝官员西出阳关、西域使者东进长安的中转站。当时的发掘现场，无房屋、没餐厨，回敦煌市区的车一天只有一趟，单程两个小时。

"不怕生活条件苦，就怕没考古发现。"回想当年，毛瑞林不无感慨，经过一段时间的发掘，一无所获。

继续坚持，转机终于出现。当发掘到 30 厘米左右时，现场发现了丝绸残片、青铜器残片、铁器残片等文物。再向下，成果惊人，悬泉汉简问世了。"一天就出土了 1000 多枚。"毛瑞林兴奋地说。

深埋两千多年的汉简被挖出时，沾着一层沙土。"不能水洗，见水简废。"毛瑞林说，必须用小毛笔一层一层刷，用牙签一点一点剔。他和同事白天挖掘，晚上清理。考古队返回兰州休整，毛瑞林独自留守。大漠戈壁，只他一人。白天，深入悬泉沟，勘察古人走过的路；晚上，仔细研究汉简，感受汉代的历史余韵。

历时两年，毛瑞林和同事一起，叩开了悬泉置关闭千年的大门，证实了古丝绸之路的繁盛。2014 年 6 月，悬泉置遗址被列入《世界遗产名录》。

此后，毛瑞林每年都有七八个月在考古发掘现场度过。2008年7月，毛瑞林带队发掘临潭磨沟齐家文化遗址，"当时正值盛夏，烈日高悬，热浪灼人，我们拨开层层黄土，揭开古代文明真容。"

毛瑞林说，经过10多年不间断的工作，目前共发掘清理面积约1万平方米、墓葬1700余座，出土石器、骨器、铁器等不同质地随葬器物约1万余件（组）。

"石器和骨器是当时的主要生产工具，大量出土不足为奇。"毛瑞林说，令人惊叹的是，出土了金耳饰和我国目前发现最早的铁器。"这说明，齐家文化分布区是古代中国早期文明中冶金术最发达的地区之一。"

"考古发掘出的遗迹遗物，可廓清历史脉络、'证经补史'。"毛瑞林说，近年来，考古学越来越受到关注，这是考古工作之幸、考古人之幸，"若再回当年，还学考古。"

（刘鑫炎、付明丽、李俊杰、李蕊、王锦涛

《人民日报》2024年1月13日第5版）

听《文史哲》三位编辑讲述办刊故事——

薪火相传，展示高水平研究成果

"稿源是关键，无非三个字，即'高水平'"

退休 10 余年，要说陈绍燕最难忘的，莫过于一次"搓澡"经历。

1982 年，陈绍燕从山东大学哲学系毕业，留在《文史哲》编辑部工作，负责中国哲学方面的稿件。当时，办刊经费有限，陈绍燕常常挎上背包，揣个饭盒，坐上火车，拜访学者约稿。

一次，陈绍燕到北京找张岱年先生约稿。到了饭点，两个人找了家饭馆，点上几道小菜，一人一杯啤酒，聊得投机。张先生心情很好，吃完饭，手一挥说："走，搓澡去！"澡堂里，陈绍燕为张先生搓背。陈绍燕笑谈，他手法一般，但张先生很高兴。

这次经历拉近了两人之间的距离。相熟后，张先生对《文史哲》可谓"有求必应"。《文史哲》开设"国学新论"栏目，陈绍燕向张先生约稿，不久张先生便寄来《如何研究国学》一文，作为栏目首篇稿件发表。

"办好一本杂志，稿源是关键，无非三个字，即'高水平'，延揽高水平学者，发表高水平文章。"陈绍燕呷一口茶，说道，"编辑必须主动跑，与高水平学者保持联系，才能保障好稿源。"

陈绍燕白天约稿，夜里就回到住处精心编稿，或者琢磨如何提高供稿质量、怎样持续约到高水平稿件等。"四处奔波，虽说辛苦，但收获颇丰，结识了很多德高望重的学者。"陈绍燕细数道，"比如冯友兰、朱伯崑、张世英、楼宇烈等老先生，我们都有密切的联系。"

遇到难以把握的稿子，陈绍燕就去请教编辑部的前辈。"登门拜访时，他们有问必答，令我大为受益。"陈绍燕说。

"编辑部对稿件要求非常高，常常不放过任何一处细节。"陈绍燕说，出高水平文章，编辑要下足功夫。那个年代，没有电脑和网络，核实引文需从浩瀚书海中翻阅查找，过程漫长且辛苦。稿子都是手写的，常被改得密密麻麻。

陈绍燕在编辑部时，季羡林先生曾为《文史哲》写过一稿，经过反复研究，编辑部提出了一些修改意见。为此，编辑部给季先生去信商量、询问。季先生表示同意，并说："全国有关人文社会科学的杂志为数极多，但真正享有盛誉者颇不多见，山大《文史哲》系其中之一。"陈绍燕说，每每想起季老的话，自豪感便涌上心头。

"'敬慎戒惧'，才能尽心，尽心才能不亏心"

在编辑部工作10多年，李梅变化不小。

刚入职编辑部时，李梅曾被"吓"哭过。当年，她编辑一篇文章，引文生僻，且有部分不规范，便一遍遍给文章作者打电话。作者很不耐烦，训斥了她。

李梅也很委屈，眼泪啪嗒啪嗒掉下来。出于责任感，她努力坚持着，生怕出现差错。因为担心，李梅常会从梦中惊醒，反复想稿子中的某处错误到底改没改。李梅将自己的工作定义为"辅助者"，为作者服务，工作时慎之又慎，很少有自己的观点。开会讨论选题时，李梅有想法却不敢提出，担心没有学术价值。

一次夜深人静时，李梅翻开《文史哲》创刊史：历史学家杨向奎任主编，陆侃如、冯沅君、高亨、萧涤非、童书业等骨干教师组成编委会。从组稿审稿，到校对印刷，再到刊物发行，都是他们兼职做的，没有任何报酬，有的甚至自掏腰包办刊。

李梅看着第一届编委照片，突然深有感触。"我试着去体会、理解这些老前辈，思考他们这样做的初衷。"李梅回忆道，"我渐渐明白了，《文史哲》之所以取得这样的成绩，就在于老前辈们潜心研究、追求真理的精神，这正是需要我辈去传承的。"

后来，李梅花了大量时间阅读学习《文史哲》刊发过的文章。读得多了，头脑中便有了"学术拼图"。"再做策划时，她更加得心应手了，选题研讨时，也敢于提出自己的一些看法。"李梅的同事邹晓东回忆说。

"优秀的学者，要把精力放在探寻真理、研究创新上。我们编辑要做的是发挥主动精神，融入学术研究之中，帮助他们形成优秀的学术成果。"李梅拿出一本厚厚的《国语集解》，"最近我在编一篇稿，这位学者引用了不少书中的内容。对于这些引文，我逐条研究，仔细核对，必须要做到严谨再严谨。"

"'敬慎戒惧'，才能尽心，尽心才能不亏心，不亏心才能坦然。"李梅说，编辑生涯 10 余年，她仍在跋涉中。

"不仅是一份杂志，更是几代办刊人的精神和文化传承"

2016 年，孙齐博士后出站。他未曾想到，毕业后会来到学生时代就一直喜爱的《文史哲》的编辑部工作。几年来，孙齐慢慢成长，虽说年轻，但也能"独当一面"。

2019 年，80 多岁的黎虎先生将一篇 5 万多字的长文投给《文史哲》，由孙齐负责编辑。"此文是我毕生学术生涯的总结，也可能是我最后一篇文章，如果能发表在《文史哲》上，荣幸之至。"黎先生说。

"全文注释达 300 多条，涉及从先秦到明清的各种史料，必须一一找到原书。"孙齐用了半年时间，与黎先生反复交流、探讨，耐心核对，誊录作者的校改意见。

不料，文章编好排出校样后，因为篇幅过长，顺延到下一期刊出。如此一来，又多了一些时间可供增补。孙齐赶紧拿出定稿校样重新研读。孙齐翻着厚厚一摞纸，"10 余个修改版本，增删达数千字之多，这还只是历次校样的一部分。"

此文刊发后，在学术界引起很大反响。黎先生给孙齐去信："许多重要的观点，是在修改过程中补充完善的。你不厌其烦的工作态度，促成了这一结果，功不可没。"

"编辑这份工作，很大程度上是'为他人作嫁衣'，但在《文史哲》杂志，我们必须投入更多的时间和精力，把文章打磨得更加完美。"孙齐说。

为何如此坚守？孙齐讲了个故事——

龚克昌先生，编辑部元老，年近九旬，记忆力已经不太好了，时常认不出人，甚至不记得回家的路。"但老先生总能蹒跚地来到编辑部。"孙齐说。

《文史哲》70周年刊庆前夕，龚先生又来到编辑部。在会议室里，他看到墙上挂着的编辑部第一届编委照片，挨个地说出他们的名字："这是赵俪生，这是王仲荦、萧涤非、童书业……"当他走到陆侃如先生的照片前，突然停下，伸出手颤颤巍巍地抚摸相框，哽咽着说："这是我的老师！"扶着龚先生的是《文史哲》年轻编辑刘京希，同样湿了眼眶。

"《文史哲》不仅是一份杂志，更是几代办刊人的精神和文化传承，背后是强烈的责任感与使命感。"孙齐说。

（李蕊《人民日报》2022年4月18日第8版）

中国东方演艺集团的艺术家们崇德尚艺，守正创新——

为时代放歌 为人民起舞

"展卷、问篆、唱丝、寻石、习笔、淬墨、入画"7 个篇章，讲述了故宫博物院青年研究员在研究《千里江山图》时"穿越"到北宋，以展卷人的身份和《千里江山图》原作者、北宋画家王希孟互动的故事……6 月 30 日，舞蹈诗剧《只此青绿》在北京保利剧院上演了第 322 场。

半年来，中国东方演艺集团以习近平总书记重要回信为指引，围绕艺术创作、各类演出、对外交流、艺术教育、文旅融合、数字创新等，用心呈现《只此青绿》《绽放》《诗忆东坡》等剧目，用艺术讲好中国故事……

老艺术家莫德格玛——
"在舞台上，我们是艺术的使者"

1956 年，14 岁的莫德格玛第一次登上前往呼和浩特的火车。带着父亲卖鸡蛋和羊皮换来的钱，伴随着火车"呜呜"的长鸣，莫德格玛第一次远离家乡、走进城市，来到了内蒙古歌舞团音乐舞蹈戏剧培训班……

培训班里，一支极具蒙古族特色的《挤奶员舞》让莫德格玛很激动：演员们双手轻展，随着音乐的律动起舞，蒙古族少女挤牛奶的场景活灵活现地出现在舞台上……莫德格玛被这曼妙的舞姿吸引，都快看呆了："阿妈每天都挤牛奶，那么平常的生活场景，竟能变成舞蹈，在舞台上展示得那么美！"莫德格玛说。

从那以后，莫德格玛全心学舞：凌晨三四点，天色漆黑，莫德格玛就起床穿衣，悄悄前往排练室；排练室的门被铁链锁着，莫德格玛便将门错开缝儿，让自己的身子钻过去；凌晨空无一人的排练室里，莫德格玛一练就是几小时……

勤学苦练之下，莫德格玛的舞蹈技艺日臻成熟，一支秀美惊艳的《盅碗舞》，让她在内蒙古歌舞团声名鹊起……1962 年 1 月 13 日，东方歌舞团（中国东方演艺集团的前身之一）在北京成立。按照组织安排，莫德格玛随后加入东方歌舞团。

莫德格玛随团赴芬兰赫尔辛基参加第八届世界青年联欢节时，为观众们表演了《盅碗舞》，"柔如云、走如飘、快如飞、轻如风"，莫德格玛把"碎步飞走圆场步法""双肩柔韵""弹抖碎肩"等高难度舞蹈动作展现得惟妙惟肖，在舞台上，她手持盅、头顶碗，姿态优美、翩然起舞，绽放出蓬勃的生命力。

通过莫德格玛的舞姿，观众们仿佛走进广袤辽阔的大草原，看到翻腾的绿浪、巍峨的青山；一支舞毕，观众们往舞台上抛去鲜花，献上掌声……1963 年 12 月至 1964 年 7 月，莫德格玛又随团赴法国、意大利等国访问演出；海外观众折服于中国舞蹈之美，有时莫德格玛能连续谢幕高达 6 次。

1964 年，莫德格玛成为音乐舞蹈史诗《东方红》中蒙古舞蹈"赞歌"的领舞；1978 年，她被选拔为赴美国的中国艺术团主要独舞演员，表演的《盅碗舞》和《草原女民兵》获得当地媒体赞赏。在一次次演出中，莫德格玛感受到艺术家的责任，她说："在舞台上，我们是艺术的使者。"

1982 年，在庆祝东方歌舞团成立 20 周年庆典上，已是著名舞蹈家的莫德格玛意识到传承的重要性，于是她学习人体解剖学，钻研蒙古舞的动作、姿势、规律和特点；在编写《蒙古舞蹈部位法》时，她利用人体部位名称，提炼舞蹈动作名称，推动蒙古舞的系统训练。莫德格玛还连续出版《蒙古舞蹈文化》等著作，阐释蒙古舞蹈理论。此外，莫德格玛积极参与舞蹈教学活动，培养青年艺术家。年龄渐长，莫德格玛依然保持着年轻时练功的劲头儿，全身心地投入蒙古舞美学研究和传艺授课的事业……

艺委会副主任郭蓉——
"没有先来后到之分，没有名气大小之别"

1984 年，年仅 13 岁的郭蓉还是一个腼腆稚气的四川小女娃。当年，时任东方歌舞团团长的王昆率团到四川演出，郭蓉的父亲带着女儿前去拜访。当着王昆的面，郭蓉演唱了《我爱你，塞北的雪》《党啊，亲爱的母亲》等歌曲，还拉了几首小提琴曲。王昆听完，当即决定招收郭蓉进团，甚至安排郭蓉当天便随团登台演唱……回忆这段经历，郭蓉感慨万千地说："这是一个改变我命运的机会。"

身为一团之长，王昆工作繁忙，但总是关心着郭蓉的成长。郭蓉进团后，王昆给她安排了声乐、形体、乐理、钢琴、外语等多门课程。王昆告诉郭蓉："走艺术这条路，必须要学文化、长知识。"王昆的话，郭蓉牢牢记在了心里！

郭蓉当时是团里年纪最小的独唱演员，每当需要伴唱配合时，远征、牟炫甫、成方圆等前辈便主动提出给她做伴唱。伴唱的人站在侧台，没法在舞台上露脸，但前辈们毫不在意，拿着麦克风在侧台默默支持郭蓉。郭蓉回忆："没有先来后到之分，没有名气大小之别，所有人都形成合力，在舞台上尽情绽放艺术的魅力。"

在国外演出时，郭蓉也经常演唱一些当地歌曲。她主动了解不同国家的艺术形式和音乐形态，学习用各国本土语言演唱在地国的经典流行歌曲。郭蓉发现，音乐的魅力将不同的文化连接在一起。

如今，除了演出工作外，郭蓉还担任集团的艺术委员会副主任，主动承担了许多艺术比赛、培训的指导工作。有空的时候，她也会前往各院校向年轻的从艺者分享自己的艺术理念——"扎根生活、扎根人民，承担起文艺工作者的使命"。

舞蹈演员孟庆旸——
"推开'青绿'这扇门，它是无边无际的"

孟庆旸 2012 年从北京舞蹈学院毕业后，进入中国东方演艺集团。凭借出色的能力和脚踏实地的努力，不到一年半，孟庆旸就担任了领舞，并在一系列演出中崭露头角。第二届夏季青年奥林匹克运动会闭幕式、纪念抗日战争胜利暨世界反法西斯战争胜利 70 周年文艺晚会《胜利与和平》……在一场场晚会、一次次艺术交流中，孟庆旸增长着舞台经验，锤炼着艺术风格。

每年除了大型演出，她还主动参加基层慰问活动，从中感受到祖国发展的日新月异。以前在农村演出，孟庆旸和演员们主要跳国外的舞蹈；这几年，他们更多会呈现中外融合的节目，既挖掘中华优秀传统文化，又推荐国外优秀舞蹈艺术。

2021 年，孟庆旸遇见了改变她命运的颜色——"青绿"。舞蹈诗剧《只此青绿》以今人视角，将兢兢业业的故宫博物院文博工作者与勤勉不辍的古代工匠，交织成一幅人文画卷。孟庆旸在剧中饰演"青绿"，不是一个具体的"人"，而是一个意涵丰富的形象。

排练期间，孟庆旸查阅宋代文化典籍，研究宋代文学和绘画，沉浸在宋代的美学意蕴中，试图找到青绿的状态。孟庆旸说，《只此青绿》与宋代名画《千里江山图》息息相关。《千里江山图》的"气韵"，隐含了中华文化中"天人合一"的宇宙观，以及"与自然万物共存"的哲学。"这种审美基因，一直流淌在我们的血液中，也是我们中国舞者的根与魂。我要做的，就是通过肢体动作展示出这份气韵！"

如今，《只此青绿》已在全国巡演超过 300 场。一场场演下来，孟庆旸觉得自己开始懂"青绿"了："推开'青绿'这扇门，它是无边无际的，有着厚重的文化积淀，有着悠久的历史岁月……"

百场如一，时有新感悟。"正因为'青绿'没有边际，我仍然会对它有新感受。这种无边无际也吸引着我，让我时时刻刻想站在舞台上为大家演出！"孟庆旸说。

声乐演员徐铭聪——
"舞台不分大小，能站上去给观众演唱就特别幸福"

多年前，10 多岁的徐铭聪到北京学艺考学，恰巧住在东方歌舞团附近，"啥也不认识，就知道有个东方歌舞团。"其中李谷一、朱明瑛等人是徐铭聪儿时的偶像。2009 年，东方歌舞团整体转企改制为中国东方演艺集团。从中国音乐学院毕业后，徐铭聪顺利考入集团……

谈起这些年的工作感受，徐铭聪觉得自己很快乐。舞蹈诗剧《只此青绿》、音乐剧《绽放》、舞蹈诗画《国色》……层出不穷的作品与广泛多样的表演形式给像她这样的青年文艺工作者提供着展示才华的机会，让他们得以尽情享受舞台。

2022 年，徐铭聪参演了国风音乐会《千年一声唱》，表演流行和戏腔结合的古风歌曲《赤伶》，负责演绎传统戏曲部分，高亢的戏腔配上悠扬的曲声瞬间点燃现场。集国风、国潮、国韵于一体，《千年一声唱》带给观众新的艺术体验，在徐铭聪看来，"其实，观众很喜欢中国传统的音乐元素，文艺工作者要想办法呈现好。"

小舞台也经常有徐铭聪的身影。她记得，有一次去湖北下乡演出，观众们特别热情。演出结束后，有观众给徐铭聪的社交账号留言：徐老师人美歌甜，演唱婉转动听，余音绕梁。徐铭聪回复互动：昨晚喝了胡辣汤，真好喝！谈及此，徐铭聪说："舞台不分大小，能站上去给观众演唱就特别幸福。"

最近，徐铭聪随团前往陕西榆林采风，不仅参观了陕北民歌博物馆，还观看了当地乡亲们的表演，乡亲们的表演朴实亲切；观演结束，歌声久久萦绕在她耳畔。徐铭聪说："他们的表演特别真实、真诚、真挚，作品来源于生活、根植于生活，很容易让人产生共鸣。"

徐铭聪觉得，表演者应该更加贴近观众："好的表演就应该为人民服务。"她希望能不断磨炼专业技艺，传承老艺术家风骨，让艺术服务更多的人！

（王珏、康一帆《人民日报》2023 年 7 月 1 日第 6 版）

传承红色基因　凝聚奋进力量

湖北省博物馆馆员章旖：
见证 10 年伟大变革
做红色文化的讲述者、传播者

"写日记，是一种常见的记录生活的方式，但把日记'写'在衣服上，却很少见。在辛亥革命武昌起义纪念馆的展厅中，就有一件'写'上了日记的衣服，这可不是一件普通的衣服，它是一件国家一级文物。衣服的主人是谁？为什么要把日记'写'在衣服上呢？请大家随我一起回到 1911 年的深秋。"随着湖北省博物馆馆员章旖的讲述，观众走进革命旧址、纪念馆，倾听一件件文物背后的故事。多年来，章旖扎根讲解一线，以苦练精进技术、以勤学增长知识，努力做红色文化的讲述者、传播者和传承者。2022 年，章旖获得全国文化和旅游系统先进工作者称号。

说起章旖和讲解员的缘分，还得追溯到她的童年。小时候，章旖常听爷爷讲他在抗美援朝战场上的往事，在她心中播下了红色的种子。"我想把这颗种子播撒到远方。"章旖说。2012 年，章旖如愿成为一名讲解员。

讲解员讲好展览中的红色故事，有助于传承党的红色血脉，充分发挥红色文化的当代价值。在多年工作中，章翰不断用讲解的方式探寻初心使命。她透过革命英雄、革命文物、革命精神，为观众讲述"中国共产党为什么能，马克思主义为什么行，中国特色社会主义为什么好"。"讲述"成为章翰与观众密切联系的纽带。

章翰认为，随着社会大众文化水平的提升，灌输式、说教式的讲解已经无法吸引观众，观众越来越倾向于探究式的讲解方式，讲解员在与观众互动的过程中，经常被问到对历史人物及事件的评价，讲解员的回答不能凭主观臆断，应做到权威精准，这就要求讲解员需要不断学习。"另一方面，红色讲解员要先吃透史实，融会贯通。在讲解过程中，要善于抓取红色故事的独特之处，选取故事的落脚点要小，用小切口反映大视角，点出教育意义。在讲解过程中，要避免重说教而使得内容晦涩乏味，教育效果差。真信才有真情，讲解员需要先打动自己，才能感染他人，用真情实感把观众带入历史实景，深入浅出地讲述才能达到润人心田的效果。"章翰说。

近年来，章翰多次参加国家级大型展览讲解工作，向世界推介中国、推介湖北。章翰在接待各国驻华大使等外宾时，会重点介绍我国的外交政策、中外友好交往的历史，同时注意语言的简单易懂，方便译员翻译。"面对国际友人，需要充分考虑他们的话语体系和接受习惯，讲好中国共产党为民造福的故事、党领导人民治国理政的故事，帮助他们加深对中国共产党的了解，对中国特色社会主义道路的理解。"章翰说，讲解员需要为对外关系服务，宣传中国特色社会主义道路和共产党领导下国家取得的巨大成就，扩大国际影响力。

如何向青少年传播传承，也成为她探索的重点。近年来，章翰精心研究针对青少年群体的讲解方法，推动"四史"进课堂、进头脑，主办"小小讲解员"培训班，培养"听党话、感党恩、跟党走"的红色少年，让红色故事代代相传。在"人民至上 生命至上"抗击新冠疫情专题展览中，章旖参与设计了《中小学生探索学习手册》，为他们提供参观指南。通过讲解员老师对学生进行评分，引导他们文明观展，遵守秩序；通过对关键时间节点和场景进行提问，引导他们认真观展，寻找答案；通过让他们自己"设计"防护服上的文字和图案，引导他们思考"假如自己是一名医护人员，会在这场抗疫斗争中发挥什么样的作用"，从而增强他们的社会责任感，帮助理解展览的内涵。

章旖说："成为红色讲解员的10年，也是我见证新时代伟大变革的10年。"在时代的滋养下，章旖心中那颗红色的种子，萌芽破土、扎根强基、向阳生长。"我将把个人的前途命运与国家民族的前途命运紧密相连、同频共振，不断坚定理想信念，筑牢文化自信。"

北京房山区霞云岭乡堂上村原党支部书记李增军：
在《没有共产党就没有新中国》诞生地
让红色故事代代相传

北京市房山区霞云岭乡堂上村是歌曲《没有共产党就没有新中国》的诞生地。这块红色热土每年吸引10余万人来此探访革命历史、感受红色精神。

作为堂上村原党支部书记，李增军对此深感自豪。为了让更多的参观者了解歌曲创作背景，感受革命前辈的理想、信念和激情，16年来，李增军每天坚持到没有共产党就没有新中国纪念馆义务讲解，累计讲解9000多场，服务观众45万余人次。

　　"这首歌诞生在我们村，是我们的光荣。"李增军说，"作为党员，作为退伍军人，我有责任把革命故事和红色文化讲给下一代。我不图别的，就想让这首歌的故事被更多人知道。"

　　堂上村位于大山深处，海拔 2000 多米，初秋清晨的气温只有 10 摄氏度。9 月 1 日，像往常一样，李增军在 9 点钟准时到达位于半山腰的没有共产党就没有新中国纪念馆的旧址。站在旧址的小院里，可以俯瞰下面不远处的纪念馆新址。虽然新址面积更大、设施更新、内容更多，但李增军还是喜欢在旧址为观众讲解。"我觉得更亲切，你看，旁边这间房子就是曹火星老师当年创作《没有共产党就没有新中国》的地方，也是我上小学的地方。"这间只有 10 余平方米的简陋小屋，当年曾是龙王庙的一部分，新中国成立后被用作小学校、大队部和粮仓。站在屋里，李增军感慨地说，他就是在这里学会了《没有共产党就没有新中国》，而这首歌是他学会的第一首歌。"小时候唱起这首歌觉得朗朗上口，长大了，才渐渐懂了歌中唱的是党和群众的血肉联系。"

　　李增军一边说一边下意识地摩挲着左腿。蓝色的裤子在脚腕处露出了里面穿的保暖秋裤。"我差不多一年四季都穿秋裤。"李增军说，年轻的时候在北大荒参军时，经常在冰冷的泥水里整地、插秧，落下了病根，双腿得了关节炎，一走路就疼。今年年初，他做了左侧膝关节置换手术，刚刚好一点，能走路了，就一步一挪地从家中走到 1 公里外的旧址。他说，这条山路已经走了 16 年了，几乎天天来，如果有一段时间没过来，心里就觉得空落落的。老伴和 3 个女儿埋怨他："都这么大岁数了，腿脚又不好，在家享清福不好吗？"李增军说："在家待着有什么意思？给观众讲故事才能体现我的价值。"

　　李增军的讲解朴实生动，从当时的革命形势讲到曹火星是如何来到堂上村的，从如何在土炕上一气呵成创作歌曲讲到如何教群众学会演唱，从当年的儿童团成员讲到村里的革命英烈，从新中国成立后的行政区划变化讲到曹火星如何千辛万苦寻找当年创作地……一件件往事李增军如数家珍，参观者听得津津有味。

这些资料，是李增军拖着病腿、多方走访而得到的。他多次前往天津市拜访曹火星，收集整理《没有共产党就没有新中国》这首歌曲创作时的历史资料，还到附近的王家台烈士陵园、上石堡村第一党支部旧址学习走访，了解革命先烈的英雄事迹。

许多参观者在留言本上写下了对李增军的感谢："谢谢李书记精彩的讲解，让我们接受了一次革命历史教育。""感谢李书记精彩讲解，听党话、跟党走！""老书记讲得特别精彩，说明白了没有共产党就没有新中国的真理，听起来特别提气。"……有一次，一个大学生听完后说，"爷爷您讲得太好了"，表示回去以后就要向党组织递交入党申请书。"这是我觉得最自豪的时候。"72 岁的李增军说，"革命故事和红色文化需要代代相传，只要我还能讲，就要一直讲下去。"

内蒙古自治区乌审旗乌兰牧骑队长苏雅拉达来：
做出对味"文化大餐"
当好草原上的"红色文艺轻骑兵"

"乌兰牧骑又来了！"内蒙古自治区鄂尔多斯市乌审旗无定河镇毛布拉格村，农牧民一声吆喝，男女老少便纷纷聚拢来，"他们过来，就好像亲戚回到家，我们十分开心、热烈欢迎！"

歌曲、舞蹈、宣讲……精彩的内容赢得村民们的阵阵喝彩。

　　"我们在沙漠草原上辗转跋涉，蓝天为幕布，大地为舞台，年均下基层 140 余场次。"乌审旗乌兰牧骑队长苏雅拉达来感慨地说："哪里有人民，哪里就是舞台；哪里有需要，就把演出送到哪里。"

　　乌审旗乌兰牧骑成立于 1960 年，是内蒙古自治区最早成立的乌兰牧骑之一。苏雅拉达来是第十三任队长。"60 多年来，乌审旗乌兰牧骑共演出 7000 余场，观众 100 多万人次，陪伴了无数草原儿女的成长。"苏雅拉达来说，"长期以来，队员们口口相传、默默传承着这样的信条：始终坚定跟党走的信念，坚持为人民服务、为社会主义服务的方向，坚守永远做草原上的'红色文艺轻骑兵'的理想。"

　　草原边、河流畔，留下了演出车的辙印；农家院、蒙古包，回响着悠扬的音符、跳动着曼妙的舞姿。乌兰牧骑成了农牧民的挚友，把文化艺术的种子播撒在各族群众心里。

　　近些年，面对老百姓多种多样的需求，乌兰牧骑都想办法尽力满足，做出对味的"文化大餐"。为了改变传统歌舞为主的演出形式，队伍认真摸索、细心探索，终于将观众喜闻乐见的小戏小品搬上了舞台。那些能歌善舞、能拉会弹的队员也扮演起了各具特色的戏剧人物。鄂尔多斯蒙古剧《草原·不落的歌》用歌舞演绎故事，形式活泼、内容丰富，受到观众欢迎。

　　"一专多能，是服务基层的文艺队伍必须具备的重要素质。我们加大队员和队伍的素质提升力度，走出了一条'演出＋服务＋发展'的路子。"苏雅拉达来说，"在加大惠民演出力度的同时，我们常态化开展文艺辅导、为农牧民直播带货等活动，丰富群众文化生活、推动乡村振兴。"

　　"牢记党和人民的嘱托，乌兰牧骑努力做党的创新理论和惠民政策的'宣传队'、铸牢中华民族共同体意识宣传教育的'示范队'、新时代文明实践的'服务队'、提升人民获得感幸福感的'文艺队'。"苏雅拉达来说。

这些年，扎根草原大地的乌审旗乌兰牧骑先后获得了全国"服务农民、服务基层"文化建设先进集体和全国文化科技卫生"三下乡"先进集体等荣誉，今年8月还被授予全国文化和旅游系统先进集体称号。

"金杯银杯不如老百姓的口碑。乌兰牧骑经常被老百姓亲切地称为'玛奈（我们的）乌兰牧骑'，我们十分珍惜这声呼唤。这是我们不忘初心、勇于创新、实干笃行的最好见证，也激励我们不断深入生活、扎根人民，服务各族群众，努力创作更多接地气、传得开、留得下的优秀作品。"苏雅拉达来说，"每当看到农牧民的笑脸、听到他们的喝彩和掌声，就让我们感到什么样的付出都是值得的。"

乌审旗乌兰牧骑队员始终难以忘记2018年6月29日这天，"当队伍在乌审旗嘎鲁图镇斯布扣嘎查为牧民演出的时候，古稀老人乌云陶格斯将自己一针一线绣好的乌兰牧骑队旗赠给我们。面对如此温暖珍贵的礼物，大家都感动得热泪盈眶。我不由自主地双膝跪下接过老额吉沉甸甸的心意。"回到单位，苏雅拉达来将这面队旗精心装裱，挂在办公室走廊的显眼处，激励队员们。"后来额吉知道了，为了方便我们下乡演出携带，又为我们绣了一面队旗。到现在，这面旗子跟着队员们走遍了乌审大地。"

向下扎根、向上生长。苏雅拉达来说："乌审旗乌兰牧骑这支草原上的'红色文艺轻骑兵'，正不断把心和老百姓的心贴得更近、更紧。"

（王珏、张贺、郑海鸥《人民日报》2022年10月4日第6版）

中国社会科学院学部委员张海鹏——

坐住冷板凳　治史五十年

治所治学，肩挑双担

张海鹏出生于湖北江汉平原的一个农民家庭，20 岁那年，张海鹏考上了武汉大学历史系，他挑着行李和书箱走进了大学校园。当时的武大历史系名师云集。"少年易学老难成，一寸光阴不可轻"，在名师的谆谆教导下，张海鹏接受了系统的教育。

1964 年，张海鹏进入了中国社会科学院近代史研究所。那年他刚满 25 岁，但由于"文革"的原因，之后的 13 年间几乎没有进行任何学术研究。张海鹏说："这段经历让我有机会认识中国的农民、农村、国情，为我用历史的发展的眼光看问题打下了良好的基础。"

直到 1978 年，张海鹏才正式恢复学术研究工作，迎来了学术上的黄金期。他先是协助编著《中国近代史稿》，又独立出版了《简明中国近代史图集》和《中国近代史稿地图集》，组织编辑出版了《武昌起义档案资料选编》，还在《历史研究》等刊物发表多篇学术论文，形成了自己的特点和风格。

张海鹏先后任近代史研究所副所长、所长，到 2004 年卸任。16 年来，他致力于组织国际学术讨论会、调整学科建设、建立图书馆、推动海峡两岸和海外的学术交流等等。尤其值得一提的是他主持编撰了《中国近代通史》10卷本。这部550万字的著作完整记录了1840年到1949年的中国历史，反映了国内中国近代史研究的总体水平。

繁重的领导职务耗费了张海鹏大量心血，但未能影响他的学术研究。他坚持白天治所，晚上治学。翻开他写的文章，末尾处常常记有"某年某月某日初稿（修改）于凌晨几点"的字样。他说："老所长刘大年先生多次对我说过，不管事情多忙，都要坚持学术研究。我把这些话视作圭臬，努力做到治所与治学兼得。"

论史论政，心忧天下

求实，始终是张海鹏的学术追求。在历史研究的实践中，他始终坚持唯物史观的指导，力求让学术研究更为客观科学、更符合历史事实。

张海鹏说，唯物史观就是实事求是地研究历史，就是从纷繁复杂的历史现象中抓住历史前进的本质，就是从历史现象中找出历史发展的规律，使读史的人看到历史前进的方向。唯物史观是马克思主义理论的精髓，尊重唯物史观就是尊重历史。

当前利益多样化、文化多元化的现状，也更加坚定了张海鹏进一步推动唯物史观和中国史学结合的实践。"各种历史观的涌入，特别是西方历史观会影响人们对历史前进方向的认识。这提醒我们要保持清醒的头脑，更加深入地体会唯物史观的价值，掌握唯物史观的方法论，做好历史研究，注意批驳历史虚无主义的各种表现以及本质。"

张海鹏既从现实社会中发现历史研究的问题，又力图从历史研究中寻求解决现实问题的思想资源。张海鹏写过不少历史与现实相结合的文章，有关台湾问题、香港问题、澳门问题、中日关系问题等等。去年，他在《人民日报》刊文谈《马关条约》和钓鱼岛问题，引起了较大反响。

张海鹏坦言，他的很多批评性文章发表后也会受到质疑。他认为这是社会思想多元化的表现。"我不在乎非议，但是会思考怎样把文章写得更明白、道理讲得更清楚。"张海鹏希望用这些文章为人们提供历史资料，通过对历史问题的阐述加深人们对现实问题的理解。以史为鉴，用历史关照现实，张海鹏深知自己的历史担当。

坐冷板凳，不图虚名

中国社会科学院近代史所位于北京王府井大街一隅，可谓闹中取静。张海鹏在这里工作了50年，对社科院和近代史所的历史如数家珍。史学家范文澜、刘大年先后担任该所所长，胡绳长期担任中国社科院院长。

"他们都是研究中国近代史的大学者，是用马克思主义理论指导中国近代史研究的带头人。"张海鹏说，范文澜先生提倡的坐冷板凳的精神、刘大年先生的理论勇气、胡绳先生在研究中的大气，值得他永远学习的。

范文澜先生的名言"坐冷板凳、吃冷猪头肉"，张海鹏一直铭记在心。"二冷精神"前半句告诫研究者做学问要坐得住"冷板凳"，不被窗外的荣华富贵所诱惑，后半句鼓励后辈们不图身前名，追求对后世的贡献。如此才能脚踏实地，有所造诣。

为此，张海鹏提出社科院要培养两种人："书呆子"和战略思想家。其中，多数研究人员要成为能托起最高学术殿堂的"书呆子"，少数人成为战略思想家。那些"坐冷板凳、吃冷猪头肉"的书呆子要饱览群书、深入研究，这样才可以引领某一学科领域向着新的高度发展，为国家提出具有前瞻性的战略思维。

面对当前学术研究的浮躁之风，张海鹏也对青年学者提出了几点期望。一是做学问要脚踏实地、不务虚名、不慕官位；二是在学术殿堂上，要有"坐冷板凳、吃冷猪头肉"的精神，才能深入堂奥；三是做学问"要大处着眼小处下手"，必须从打基础下功夫，由博入专；四是在百家争鸣中提倡互相切磋、承认错误的好风气；五是科学研究是创造性的劳动，容不得半点造假的行为。

满头银发的张海鹏在他的办公室内和我们聊了一下午，依旧精神抖擞。除了去外地出差，他的绝大部分时间就在这间不大的办公室内度过。现在他还保持着每日读书、写作的习惯。他笑谈自己的战斗力还很强，一直在与时俱进，希望为中国近代史研究贡献自己的绵薄之力。

（王珏、李师荀《人民日报》2014年7月7日第6版）

中国社会科学院世界历史研究所原所长、史学家于沛——

治史求实　治学经世

不断积累，不停读书

　　于沛幼年时随父母迁入北京，在京读了小学和中学。说到中学，于沛对那时的老师念念不忘："他们功底扎实，教学有方，我的很多基础知识都来自中学时代。"俄语老师梁森教课循循善诱，几年下来就让于沛基本掌握了这门语言。几十年后梁老师又见到于沛时，看到当年的学生已是著名学者，且通晓俄文时，十分欣慰："我的心血没白费！"

　　中学毕业后，于沛先当小学历史老师，后来又教过初中，最后借调到教育局教材编审处工作。"当老师让我有机会不断积累历史知识，编审教材让我可以不停地读书。这一段经历对我后来治学很有帮助。""文革"期间，很多人都丢弃了外语，而于沛却每天捧着俄文版毛主席语录在那里背诵，记住不少词汇。"用这种方式提高俄语水平就没人说闲话了。"那时的于沛一直坚信学会俄语总会有用的。果然，恢复高考后，他考进世界历史研究所；考这个所，外语是必需的。

　　回忆那个年代，于沛很感慨，也感觉很幸运："我没有考大学本科，而是直接读了研究生，主要是因为年纪大了。"其实，他考世界历史研究所的研究生，连妻子都怀疑。当时，于沛的儿子和他一同报考，只不过儿子考的是小学。儿子对招生老师说："这次我必须考上，因为我妈说了，我爸可能考不上，假如我也考不上，那多丢人！"

但于沛考上了，凭的是知识功底和俄文水平。"'文革'前的学校教育给我打下了扎实基础，后来10多年又坚持阅读，让我积累了知识。"他说。

中小学教师的经历让于沛对基础教育特别关注。他曾当选为第十一届全国人大代表，并在发言中建议：我国中小学世界历史教育目前在不断弱化、萎缩，在课程设计、课程内容等方面存在弊端，难以适应社会发展的客观需要，应当改进。这些建议在当时引起全国舆论的关注。

治学治所，都讲原则

宽宽的前额，讲话有条有理，古今理论家的佳作和名言脱口而出，于沛拥有典型的学者风度。30多年来，他除了治学就是带研究生，还曾担负研究所的领导重任。"他知识广博，又有领导能力，还有辩才，原则性很强，不管治学还是治所，都讲原则。"于沛的上级、同事、朋友都如此评价他。

于沛自研究生毕业后就留在了世界历史研究所，从研究室副主任到所长，一直没有离开过这个地方。他开始从事的是苏联历史研究，1986年在时任中国社会科学院院长胡绳的建议下，又将主要研究领域扩展为外国史学理论，从此如鱼得水，成就斐然。当时胡绳建议世界历史研究所筹建外国史学理论研究室、创办史学理论研究刊物、培育新一代史学理论人才，于是，于沛不但成了史学理论研究室的最早研究人员，还参与了几项重要的创建工作：《史学理论》以及后来的《史学理论研究》刊物的筹备、我国第一批史学理论研究译丛的编选、中国史学会理论研究分会的筹建、我国第一批史学理论专业博士后研究人员的遴选和培养。

史学理论在我国的学术研究中曾是弱项，轻视史学理论的观点也常常出现，但于沛一直认为，"文革"后中国历史学的复兴，首先就是从历史科学的理论建设开始的，史学理论研究的深度和广度、研究成果的导向，直接决定着中国历史学的未来。

于沛的研究方向是马克思主义史学理论和西方史学思想史，从上世纪 80 年代末开始，他还一直担任世界历史专业的博士生导师，并在多所大学任兼职教授。无论治学还是从教，他始终坚持的是马克思主义认识论。在专著《历史认识概论》中，他通过对历史认识的主体和客体、历史认识中的"历史事实"、历史认识的理论和方法等问题的研究，深入分析了历史认识论与历史唯物主义的关系。

自 1984 年全国史学理论研讨会召开至今已整整 30 年，回首改革开放以后史学理论的建设与发展，于沛欣慰地说："如今，中国马克思主义史学理论研究队伍已经形成，一些中青年学者还成为主要力量；研究视野不断扩大，新的选题不断增加；终于做到了历史与现实、理论与实践的结合，空洞、公式化的那种研究方法正被人们所摒弃。"

思想朝气，犹如年轻

于沛今年整 70 岁，但他的创作力依然旺盛，而且仍在招收博士研究生。在北京东厂胡同里的世界历史研究所还为他留有一个小房间，在那里，他埋首群书，论著不断。

总结 30 多年的研究，他认为自己始终围绕着两个问题展开：一是在新的历史时期如何继承发扬中国史学的"经世"传统？二是在全球化的背景下，如何使中国的历史研究自立于世界史坛？

"历史学自萌生起，就与社会生活密切联系在一起，是现实的折射，是生活呼唤的产物；历史学家的学术生命，只有在时代的烈火中燃烧、锻造，才能实现其价值、放射出光彩。"这是于沛坚持多年的观点。运用马克思主义的基本原理，通过马克思主义中国化的具体理论实践，树立中国史学研究的独立性，发出中国史学家自己的声音，这是于沛多年的追求。

在作为当代思想理论建设的盛举马克思主义理论研究和建设工程中，于沛是已经出版的重点教材《史学概论》和上下两册的《世界现代史》的首席专家。"于沛老师所散发的思想朝气和年轻一代一样。""马工程"办公室的工作人员这样形容于沛。作为国家"十二五"重大出版项目的《马克思主义史学思想史》，他是主编。"即将问世的这部著作，六卷本，200 万字，是全面系统介绍马克思主义史学思想发展的第一部著述，能参与其间，我深感荣幸。"于沛这样说。

于沛近来还一直关注社会主义核心价值观对学术研究的深远意义，"其中吸取了人类文明的精华，又体现了中国特色社会主义的追求，对史学工作者而言，无论治学还是个人修养，都应该贯穿其中。"他说。

（陈原《人民日报》2014 年 9 月 16 日第 6 版）

年逾九旬的北京市方志办原常务副主任赵庚奇——

"能参加修志是件很幸运的事"

293 册志书层层叠叠摆放出"京"字图案、不同年份的《北京年鉴》组成一条蜿蜒向前的长河、蓝色穹顶上绘制的析木次星图与地面的析津府辖域图交相辉映……北京市方志馆前段时间推出的"方志北京""年鉴北京""志说'一城三带'"展览，吸引诸多观众驻足观看。

人群中，一位衣着朴素、身形瘦削的老人看得格外仔细："展览为大家了解北京历史文化和社会生活的面貌提供了重要依据。"这位年过九旬的老人叫赵庚奇，他的后半生与志鉴紧紧联系在一起：指导编纂《北京志》，主持编纂《北京年鉴》，创办中国方志学系，从事志鉴理论研究……

"只有深入一线，才能了解最真实的情况"

回顾过往，赵庚奇的人生轨迹一次次发生转折……

1951 年 4 月，赵庚奇高中毕业，正准备考大学。这时候北京市委组织部调他和另外一个同学进入北京市委党校，系统学习党的基本知识和中共党史。

"新中国成立不久，北京市区两级党务干部不足。"赵庚奇回忆，组织部一共调了近百人来党校学习，大多数分到了北京市委和各区委工作。

1952 年 10 月，赵庚奇到北京市委政策研究室工业组工作。不久，他就和同事一起到石钢（今首钢前身）调研。经过 8 个月的深入调查，赵庚奇独立撰写了 3 篇调研报告，还与同事合作完成 4 篇调研报告，深受好评。此后，他又围绕私营工商业改造、农业合作化等主题开展调研，最终调研小组一共报送了 10 多份报告。"只有深入一线，才能了解最真实的情况。"赵庚奇深有感触，在政研室的经历，对他之后几十年的工作产生了深远影响。

1956 年，国家开始大规模经济建设，人才匮乏，国务院向全国发出通知，号召在职干部考大学。赵庚奇萌生了上大学的愿望。不料，北京市委组织部干部处负责人找他谈话："中央决定加强理论队伍建设，组建一支专家队伍，你去党校学习吧！"

当年 9 月，24 岁的赵庚奇进入中共中央高级党校（今中央党校）理论部哲学专业学习。在 505 名学员中，他年龄偏小。一年多时间里，他陆续听了张如心、刘大年等著名学者开设的专题课，如饥似渴地在图书馆里查阅各种资料……这段学习经历激发了他对近代史、党史的浓厚兴趣。

此后的 20 多年中，赵庚奇当过农民、记者和兽医。直到 1979 年，年近五旬的赵庚奇被调入北京市社会科学研究所历史研究室（现北京市社科院历史研究所）工作，主要从事民国时期北京史和当代北京的研究。

"要把失去的时间夺回来！"赵庚奇怀着满腔热情，立即投入这个崭新的研究领域，10 年间推出《民国时期的北京》《晚清和民国时期历史事件》《北京解放三十五年大事记》等多部著作。其间，有更好的单位要调赵庚奇去工作，他都不加思索地谢绝，"我只想多读一点书，安心搞历史研究。"

"我只有狠下功夫学习研究，才能交上一份合格的答卷"

修志是中华民族的优良传统之一，几千年来，各地的志书绵延不断，为我们留下丰厚的文化遗产。上世纪 80 年代，全国各省区市开始新一轮修志。

1983 年 7 月，全国城市志工作座谈会在太原召开。围绕方志理论问题，来自全国各地的代表展开了热烈讨论。夜晚，各个房间灯火通明，大家的讨论仍在继续，"我仿佛走进了一个大课堂。"赵庚奇感慨，从此，他和地方志结下了不解之缘……

当时，全国从事修志工作的专职、兼职人员达数十万人，大家迫切要求学习方志学理论和业务知识。1987 年，赵庚奇在北京社会函授大学创办中国方志学系并担任主任。他组织专家编写了 6 本教材，即"燕山史志丛书"，重印老方志学家朱士嘉和傅振伦的两本专著，加之购买的两本书籍，一共 10 部教材。

中国方志学系开设中国方志学概论、中国方志学史等 7 门课程，3200 多名学员来自 31 个省区市。通过两年多学习，学员们提高了理论水平，增强了分析、研究能力，在各地修志工作中发挥了骨干作用。学员姚卓华来自安徽省旌德县，是一个地道的农民。他的第一项成果《旌德县志·地理编》初稿问世后，获得好评。1988 年 7 月，他被破例评定为助理编辑，第二年被聘为该县县志副总纂。他在给中国方志学系的信中写道："这是一所没有围墙的大学，让我实现了 20 年来梦寐以求的愿望。"

"新方志能为各行各业建设和发展提供所需资料，能参加修志是件很幸运的事。"在山东省志办原编审王复兴记忆中，这是赵庚奇经常挂在嘴边的一句话。

在修志过程中，赵庚奇不放过任何一个疑点问题，他对《方志百科全书》中介绍傅振伦《中国方志学通论》一段引文有疑，便查阅了傅振伦的 6 本著作，纠正了不准确的引述。"我只有狠下功夫学习研究，才能交上一份合格的答卷。"赵庚奇说。

每次参加评稿会，赵庚奇总要带上一大袋书，阐述观点时总有出处，令同行信服。有一次开研讨会，王复兴看见赵庚奇的发言稿密密麻麻写满了 17 张纸，纸上有许多勾画改写，显然每个问题都经过了反复斟酌。"他对修志工作细致入微，让人佩服。"王复兴说。

"真实准确是志书的生命，否则贻害当代和后人"

《北京志》的编纂工作，始于 1958 年 12 月，计划修志 40 篇；但刚出版 7 部，就中断了。新中国成立以后，北京经历了许多大事，尤其改革开放以后，发生了翻天覆地的变化，修一部新志迫在眉睫……

北京地方志从 1983 年开始酝酿、准备，1988 年正式编修。上百个单位、几万人参与收集资料和编撰，是对北京地区有史以来从自然到社会，从历史到现状情况的一次前所未有的全面系统的调查研究。作为北京市方志办常务副主任，赵庚奇倾尽心血，既继承旧志的优良传统，也在体例、内容等方面不断创新。

在赵庚奇看来，北京志书名为《北京志》，而不能称《北京市志》，只有这样才能反映北京作为伟大祖国首都的独有特点。"真实准确是志书的生命，否则贻害当代和后人。"赵庚奇昼思夜想，有时半夜醒来，想到志稿中的问题，就再也睡不着了，在家中翻箱倒柜查找资料……

志稿写出后还要审阅，审稿更"熬"人。一部志稿几十万字到100多万字不等，逐字逐句地看一遍就要几个月时间。长期以来，赵庚奇习惯于在签字前把重大问题再捋一遍，唯恐有考虑不周的地方。有一回，他对一个人物的表述存疑。尽管印刷厂等着开机，编纂单位和出版社一直催促，赵庚奇仍然不松口，整整花了几天时间，终于找到确切证据，纠正了志稿中的不实记载。

功夫不负有心人。历时20年，第一轮《北京志》2008年面世，其中分志154部、区县志18部；同年开启第二轮修志，至2020年全部完成，北京志分志69部、区县志18部。两轮共完成北京志分志223部、区县志36部，在北京修志历史上具有里程碑意义。

直到86岁，赵庚奇才离开岗位，但他心中依然放不下相伴30多年的工作。他分3次向北京市方志馆捐赠了5000多册图书和资料，其中不乏珍贵的志书，"供大家研究参考，发挥更大作用……"

（施芳 《人民日报》2023年5月8日第6版）

从事文管工作和地方史研究 30 余年，宁夏隆德县文物管理所
所长、博物馆馆长刘世友——

把文物故事讲给更多人听

　　在宁夏回族自治区固原市隆德县，最有知名度的旅游点当数红崖
村老巷子。走在老巷子中，土墙、戏台、磨台、石雕，仿佛处处讲述
着历史。路边唱秦腔的大爷、会做六盘暖锅酿和农家米醋的大娘……
无不展现着西北乡村的原始风貌。

　　老传统的保留，离不开隆德县文物管理所所长、博物馆馆长刘世友
的坚持。老巷子开发之初，有人曾提出把村民搬迁出去，招商引资重新改
造。"传统村落的最大看点就是老建筑和老习俗。人离开了村落，乡愁便
无处安放；村落离开了人，便没了精气神。"刘世友认为。

查资料学法规，为文物建档立卡，推动建立县乡村三级文物保护网络

　　"文物管理，如果不是出自热爱，便是一件枯燥的苦差事。"刘世
友 1993 年进入隆德县文化部门工作，至今已从事文管工作和地方史研究
30 余年。他由衷地感慨："我舍不得隆德，更舍不得离开这些文物。"

　　年轻时，学音乐出身的刘世友本以为文化工作就是到乡间、原野采

风，入职后，实际情况完全出乎他的意料。单位房舍破旧，文物收藏和管护条件也很薄弱；单位人手少，他要和同事轮流排班，日夜值守。

刘世友从查找地方志、史书，量尺寸、学法规做起，为文管所里的文物——建档立卡，完成了 5000 多份卡片，拍摄了几千张照片，让每件文物都有了自己的"身份证"。

正是这些繁琐的工作，让刘世友对文物保护和地方历史有了初步了解，也让他感受到了文保工作的魅力，工作时变得越来越沉稳谨慎。"每一件文物背后都有很多历史故事，了解它们，能够感受到历史的点滴细节。"刘世友说。

2007 年起，全国开展第三次文物普查。刘世友克服各种困难，带领工作队对隆德县 13 个乡镇、625 个村民小组进行实地踏查，新发现文物遗迹 229 处，完成文物普查档案超过 800 份。针对不可移动文物，刘世友结合文物"四有"工作，对各级文物保护单位划定保护范围，设立标志碑、界桩，完成了各级文物保护单位的保护档案编写和充实。在他的推动下，隆德县在宁夏全区率先建立了县、乡、村三级文物保护网络。

实地探查，转运、修复，精心保护每一件文物

隆德县渝河、朱庄河、甘渭河、庄浪河等流域分布着 100 多处新石器时期文化遗存，页河子、北塬、周家嘴头等遗址出土了许多齐家文化、仰韶文化遗存……面对如此密集的文物分布，多年来，不论是不可移动文物的巡查、调查、实地探查，还是可移动文物的修复和搬运，刘世友始终严谨细致，一丝不苟。

为了保护文物，刘世友曾经直接面对过不法分子。2008 年 11 月 8 日，

刘世友和往常一样值夜班。半夜，防盗警报响起，他巡查了一遍，没有发现什么异常，以为是防盗系统出了问题。刚回到屋里，警报再次响起。他再次起来查看，发现文物库房防盗栏杆已被剪断，窗子也被打开了。

"你们绝不能拿走任何一件文物！"刘世友拿起铁锹，冲着藏在暗处的不法分子喊着。黑暗处，4名不法分子发出了动静，刘世友拿着铁锹冲了过去，不法分子被吓得四散而逃……

"想起来还是有些后怕的，但当时只想着赶走不法分子、保住文物。"刘世友说。

保障文物在转运中的安全，是刘世友经常操心的事情。隆德县馆藏文物2900多件（套），加上窖藏钱币，藏品达3万多件（套）。所有文物，在多次搬迁中从未损坏。

有一次，隆德县北莲池有几件石质文物和碑刻残片，需要搬到博物馆库房。刘世友找了辆皮卡车去搬运，由于下雪路滑，皮卡车走到一半便无法前进，差点造成事故。刘世友和同事只能踩着厚厚的雪，一次又一次，用人力将文物全部搬回。

"到现在我都搞不明白当时怎么会有那么大的力气，硬是把石碑连背带扛地运了回来。"刘世友说，"文物就像是我的孩子，父母对孩子的付出是不计代价的。"

2018年底，隆德新博物馆建成完工。临近搬迁时，旧馆一幅近2米高、14米长的画卷《过大年》，因为直接装裱在一面墙上，尝试多次仍取不下来。很多人认为耗费大量精力在这幅画上不划算，可刘世友不以为然。他找遍了宁夏最顶尖的装裱师傅，来研究这幅画的装裱工艺，后来找到了最初装裱这幅画的师傅，将他请回馆中，总算将画完好无损地揭取下来并搬至新馆。"馆藏的文物，一件都不能少，每一件都要仔细呵护。"刘世友说。

出版文物志，撰写解说词，让文物活起来讲述历史

除了日常工作，刘世友对文物还有一股刨根问底的"倔"劲儿。

有个老物件在库房里"躺"了 20 年，刘世友反复琢磨，却始终不知道它是什么。直到 2018 年初去湖南博物院学习，看到相似的器物，刘世友才联想到这个老物件。回来之后，他赶紧请上级单位开展修复工作。就这样，一件珍贵的唐代手炉得以重现。

参观馆藏文物时，记者惊讶于刘世友知识储备的丰富，对每一件文物都如数家珍。"从典籍里挖掘文物背后的故事，讲好这些故事，文物就活了。"刘世友说。

为了把文物故事讲给更多人听，刘世友整理出版了《隆德县文物志》。他还撰写了 5 万字的博物馆解说词，培训解说员，广泛传播隆德文物故事。

近些年，随着隆德县乡村群众文化生活逐渐丰富，刘世友又多了一项工作。这些天，刘世友正忙着整理一份讲义，他将文物与地理、气候、历史沿革，乃至乡村振兴政策结合在一起，准备讲给村民听，尽可能地拉近文物与村民们的距离。

"过去下乡是为了巡查文物和宣传文物保护相关法规，如今村里人人都是文保志愿者。"刘世友说，"让文物活在乡亲们的生活中，激发大家对家乡的自豪感，这是我最想做、最愿意看到的事。"

（刘峰《人民日报》2023 年 6 月 10 日第 5 版）

六、仁心守护　使命担当

他们播种信念、守护生命、奉献力量，用担当和勇气诠释对祖国的忠诚和信仰。正是有这些"逆行者""守护者"，人民生活才更加岁月静好、平安祥和。

大学生志愿服务西部计划实施二十年——

在奋斗征程上担当历练奉献青春力量

首批支教志愿者冯艾——
我的学生已长大成才

冯艾说，志愿者是传递希望的普通人。

2003 年 6 月，大学生志愿服务西部计划正式启动。正在复旦大学读研究生的北京姑娘冯艾主动报名，来到位于云南宁蒗彝族自治县的战河中学支教。

20 年后，记者跟随冯艾，回到了她当年志愿服务的战河中学。

崭新的教学楼、红色塑胶跑道、完备的实验室……一切似乎都变了，在山里娃的一声声"老师好"中，冯艾的思绪被拉回 20 年前。

战河中学海拔约 2600 米，藏于群山之中。2003 年，冯艾初到这里，眼前的景象令她大吃一惊：操场上搭了 3 间简易木板房作宿舍，墙上的裂缝比拳头还宽，连一扇窗户都没有。

比起艰苦的生活条件，更令冯艾揪心的是教学条件的落后。孩子们除了教材，连本字典都没有，课堂上孩子们问，"因特网"是用来打鱼的还是捉鸟的？

第一节课，冯艾就告诉孩子们，为什么要学习，学习会怎样改变一个人。她下定决心，一定要教给学生们更多知识，让他们了解外面的世界有多精彩。

当年，当地经济条件差，尽管已免除学费，不少学生家庭却还要为每月66元的伙食费发愁。每次放假，老师们最担心的就是哪个孩子因交不起费用不来上学了。除了一次次家访，冯艾还四处为贫困学生寻找资助。通过她的努力，一家上海企业资助了这个班级，将许多孩子从辍学边缘拉了回来。

如今，得知冯艾老师要回战河，她教过的（45）班9名学生，从各地专程赶来看她。现在战河中学的数学老师罗永钢，也是（45）班一员。他骄傲地说："当年班里50多名学生，全部接受了高等教育，一直念到了大学或大专。"

过去，战河中学的教室和宿舍间，有3亩空地。20年前，老校长卢锋带着冯艾和其他老师一起，种下30多株不到一米高的树苗。20年后，绿树婆娑、一派葱茏，最高的垂柳已近3米。冯艾当年的学生也已成长为各行各业的骨干，奋斗在各自的岗位上。

冯艾说："西部计划的价值，对志愿者是国情教育，让我们学会了脚踏实地；对地方而言是观念的改变和人才的补给，不少志愿者留在当地继续奋斗。千千万万志愿者用心血和汗水播撒的种子，在祖国广袤的西部生根发芽。"

2008年抗震救灾专项行动志愿者王鹏——
扎根北川十五年

"你啥时候回来的哟？快过来坐坐，喝口茶、剥点花生吃！"走在四川北川羌族自治县禹里镇老街，王鹏像是回到了家乡。熟识的乡亲纷纷上前热情招呼，他也操着一口地道的北川方言——回应。旁人不会想到，他可是位山东大汉。

2008 年，王鹏即将大学毕业。汶川特大地震发生后，远在山东的他产生了一个强烈的想法："我要去那里，做点什么。"他放弃了老家的工作机会，报名成为西部计划抗震救灾专项行动志愿者，踏上了志愿服务之路。

初到北川，王鹏被分到了禹里。"许多群众因为失去亲人、家园损毁，正处在巨大的悲痛之中。抗震救灾和灾后重建工作千头万绪，需要我们全力以赴投入和细致入微推进。"王鹏从日常生活细节入手，积极为受灾群众提供疏导和服务，帮助解决饮水、医疗、防疫等具体问题，帮助疏通排水渠，逐棚送去避暑药品，帮助搬运和发放物资，诚心诚意为大家送去温暖。

2008 年 9 月 24 日，正在进行灾后重建的北川遭遇泥石流灾害。连降暴雨，水位暴涨，而禹里用于灾后重建的大批水泥，刚刚卸货在江边。"绝不能让天灾影响重建进度！"冒着大雨，王鹏和几个村干部将水泥一趟趟扛上货车，最大程度保护了救灾物资。

在北川开展志愿服务的经历，让王鹏和当地人结下了深厚的情谊。"我想留下来，继续为他们做事。"一年志愿期结束后，王鹏决定留在北川，并通过考试，成为一名基层民警。

"战疫情、抗洪灾、保安全、护稳定，警察工作很辛苦，但守土有责、守土尽责，遇到再大的困难我们也决不放弃。"王鹏从调解纠纷、询问材料等方面学起，十几年扎根基层派出所，尽心尽力对待每一项工作。

15 年间，从志愿者到基层民警，王鹏见证了北川从废墟重生的全过程，自己也成家立业，开启了全新的人生旅程。如今，已是北川县通泉派出所所长的他，依然以满腔热忱，在平凡的岗位上默默付出，服务西部、服务群众，初心不改。

2020 年服务"三农"专项志愿者韦敏平——
大山的女儿心系大山

"阿叔，玉米得注意防治蚜虫，喷药时要喷到玉米心叶。"一到农忙时节，广西隆林各族自治县农业农村局经济作物站的电话铃就响个不停，技术员韦敏平耐心地回答提问。

2020 年 7 月，在学校老师的鼓励下，即将从华南农业大学植物保护专业毕业的韦敏平，报名参加大学生志愿服务西部计划项目，被派往隆林各族自治县介廷乡政府，开展服务"三农"专项的志愿服务工作。

"在校时，'时代楷模'黄文秀的事迹和精神一直激励着我。我也出生在广西，毕业后如果能和她一样建设家乡，会是件很光荣的事情。"韦敏平说。

"一开始听不懂当地方言，业务也不熟悉，工作起来吃力得很。"韦敏平说，她利用休息时间抓紧学习当地方言，熟悉工作流程，下乡了解村屯、群众的具体情况。

渐渐地，无论是推广农产品，还是回答村民提出的病虫害防治问题，韦敏平都能熟练应对。

刚到当地不久，韦敏平和其他志愿者前往介廷乡老寨村看望当地留守儿童。当时正在上小学二年级的苗苗，因为父母常年在外务工，忙着喂鸡、洗菜、晒玉米，干起农活十分熟练。

"成熟得让人心疼！"韦敏平说。自那以后，她和县里 20 多名志愿者组成团队，为留守儿童提供学习和生活上的帮助。2021 年，韦敏平及团队成员共开展课业辅导、心理疏导、陪伴谈心等活动 60 余次，协调各方捐款捐物近 3 万元。

2021 年 9 月，服务期满，韦敏平决定留在隆林。通过考试，她进入当地农业农村局经济作物站工作。"这里虽然没有大城市的繁华，但有淳朴真诚的父老乡亲，工作上也能发挥专长，我觉得这样的生活很充实，很有成就感。"韦敏平笑着说。

入职新岗位两年来，韦敏平深入村屯，解答农户种植难题；走进田间，帮助村民引进作物新品种；俯身地头，探索科学轮作机制……从西部计划志愿者到农业技术员，韦敏平一直服务在"三农"工作一线。

大山的女儿心系大山。"选择来到这里，我从未后悔，希望以后能为当地的发展多作贡献！"韦敏平说。

2021 年健康乡村专项志愿者张颖怡——
医者仁心守护健康

今年，两年的西部计划服务期结束后，张颖怡选择了留在新疆。这个毕业于北京大学的广东姑娘，为什么这样选择？

"我还在学校的时候，习近平总书记给北京大学援鄂医疗队全体'90 后'党员回信指出，让青春在党和人民最需要的地方绽放绚丽之花。老师也一直鼓励我们，我渐渐萌生了去西部的想法。"2021 年，从北京大学医学部毕业后，张颖怡决定参加西部计划，到祖国最需要的地方去！

收拾行囊，张颖怡奔赴新疆生产建设兵团第一师阿拉尔市，在浙大邵逸夫阿拉尔医院血管内科临床一线工作。与想象中不同，这里的快节奏一开始让张颖怡有些不适应——医院医疗资源辐射周边 10 个团场，病人多、医生少，常常连轴转、加班干，同事们也都"身兼数职"。

刚参与临床工作 1 个多月时，张颖怡遇到一位让她印象深刻的患者老张。老张因为胸痛来医院就诊，被诊断为急性前壁心肌梗死。"患者觉得手术有风险，想保守治疗。"张颖怡说。

她有些担忧，如果不尽快手术，预后恢复恐有不良影响。当晚张颖怡值夜班，遇到老张的妻子又来咨询病情。张颖怡拉着她聊了一个小时，详细介绍了发病机制、治疗原理、预后措施等，家属和患者打消了顾虑，表示愿意手术。

在科主任的带领下，张颖怡和同事们为患者制定方案，植入支架，手术顺利完成。最终，患者恢复了健康。这件小事，让张颖怡深深感到了作为一名医生的责任和价值。

"很高兴能够用自己所学，在西部这样广阔的天地建功立业。"忙碌的工作充实了张颖怡的每一天，不知不觉间，两年过去了。在家人朋友等着她回家的消息时，张颖怡却决定留下来。

"其实，这里的生活并不像大家想的那样艰苦。"张颖怡说，这里有广袤的田野，满天的星辰；工作之余，热心的同事带着她聚餐，邀请她做客，帮她解决困难，如家人般温暖。

"在西部，我找到了自己的事业，也开启了人生新的篇章。"张颖怡说。

2022 年乡村社会治理专项志愿者郭贵——
小小镜头记录广袤乡村

"我们贵州长顺县有四宝，分别是高钙苹果、绿壳鸡蛋、小米核桃以及紫王葡萄……"架起三脚架，安装好相机，郭贵站在葡萄种植基地里，为村民直播带货。

23 岁的郭贵是一名西部计划志愿者。一年多前，郭贵离开家乡山西运城，一路南下贵州。土棕色背包里，有一台相机、一架无人机，还有一瓶老陈醋。

"年轻人有热血、有干劲，总要出去走走看看。"大四的时候，郭贵毅然报名了西部计划，来到贵州长顺县长寨街道永增村。

离开熟悉的黄土地，飞机快落地的时候，眼里尽是郭贵从未见过的景色，"原来喀斯特地貌是这样啊。"

"这边的山一座连着一座，形状就像我们山西的窝窝头。"在一次次下组入户、巡山巡河当中，郭贵逐渐了解当地的基本情况和民风民俗。

工作之余，郭贵喜欢带着相机到处走。戏剧影视文学专业出身的他，经常将捕捉到的乡间美景，分享到自己的短视频账号上。

"最开始只是为了和家人朋友分享我在贵州看到的风景。"郭贵说，有一天他分享了一张长顺县城的照片，没想到在网上火了。

照片里，街道两侧挂满红灯笼，路上车来车往，砖房整齐排列，远处是青山……照片唤起了不少在外务工、求学的长顺人的乡愁。那之后，越来越多的长顺人、贵州人开始关注郭贵的账号。

郭贵所在的永增村是当地小有名气的旅游村，有潮井奇观、百亩荷花塘等景色。郭贵时常在网上分享村里的美景，吸引更多人前来观赏游玩。有时，郭贵也以"探店"的形式，免费为村民的民宿、农家乐做宣传，帮助村民增收。

最近，郭贵接了一项新"业务"，为当地村民拍照。"许多在外的年轻人联系到我，请我去他们家里帮家人拍张照片。"郭贵欣然答应，找到村民家，拍完后精心挑选，将照片发往远在上海、浙江、福建等地的游子手中。

"能够发挥自己的专业所长为村民做一些力所能及的事，我很高兴。"郭贵笑着说。

在网上，时常有人向郭贵咨询西部计划志愿者的相关情况，郭贵鼓励他们勇敢报考，"到西部去、到基层去、到祖国最需要的地方去！"

（沈靖然、王明峰、郑壹、蒋云龙、陈隽逸
《人民日报》2023 年 11 月 28 日第 7 版）

永做红军传人　永当人民卫士

不畏艰险，守护一方平安

闯火海、下冰河、攀悬崖，消防员时刻经受生死考验。在一场场救援中，宝塔消防救援站的消防队员们不畏艰险，冲锋在前。

延安市宝塔区中心城区地处狭长河谷，遍布坡峁梁塬、丘陵沟壑，加之土质松散，极易发生泥石流等地质灾害。

一次救援让队员丁少翔记忆犹新。2022 年 7 月，宝塔区出现强对流天气，40 分钟内降雨量达到 30 毫米以上，大砭沟慧智蓝湾小区的一处院落被淹。宝塔消防救援站消防队员们迅速抵达现场开展救援。暴雨持续，水面不停上涨，在救出 3 人后，一名群众大喊："糟糕了！里面还有位老人刚做完手术躺在床上！"

丁少翔立刻穿戴好水域救援防护装备，跳入水中，探过暗流，拨开层层障碍物，终于找到了老人。丁少翔将老人抱起来，举过头顶，在队友的协助下将老人安全送上了救护车。"那一刻，才觉得浑身累得瘫软。但当时只有一个念想，力竭也不能撒手。"丁少翔说。

宝塔区有 4 个大型能源化工基地，油气管线密布，致灾因素多，危险性高，救援任务复杂艰巨，保障驻地能源企业安全生产是宝塔消防救援站的责任。

2014 年 4 月，陕西延长石油集团下属炼油厂 2 个 5000 立方米轻质油罐爆炸起火，相邻的 26 个储油罐十分危险，大量泄漏的原油形成了大面积流淌火，现场浓烟蔽日、火光冲天。

为了尽快控制火势，时任副中队长的赵江潮带领 3 名突击队员穿越防火堤，将泡沫钩管架设在着火罐顶进行注液灭火。"每一口呼吸都有灼烧煎熬的感觉，被浇湿的战斗服几秒钟就能被烘干。"队员木洪刚回忆。面对火情，突击队员们坚守不退，经过 11 个多小时的努力，油罐的多次复燃都被扑灭。

敢打必胜，宝塔消防救援站的战士们化解了一次又一次险情。建队以来，宝塔消防救援站累计接警出动 1.25 万余次，抢救被困群众 3200 余人，保护财产价值 197.4 亿元。

精武强能，锻造过硬本领

"火场打不赢，一切等于零"。宝塔区共有 158 处革命旧址、危化企业 12 家、加油加气站 69 家、高层建筑 454 栋，各种各样的风险挑战对宝塔消防救援站提出了高要求。

宝塔消防救援站每周的训练计划表都安排得很紧凑。每名队员每天都要完成"4 个 100"——100 个俯卧撑，100 个仰卧起坐、100 个开合跳、100 个深蹲，每周开展 3 次负重冲山训练和 5 公里负重越野，人人练就一双"铁脚板"、两条"飞毛腿"。

延安干旱少雨，宝塔区的革命旧址九成以上都是砖木结构。宝塔消防救援站提出"像保护眼睛一样保卫红色旧址"的口号，指战员们踏遍了辖区内的山峁沟梁，对辖区每一处革命旧址实地寻访、登记造册，并探索建立"一址一策一演练"精准化响应机制。50年来，宝塔消防救援站指战员防火巡查累计步行里程达10万公里，确保所有革命旧址的消防安全。

整理内务，他的被子叠得像豆腐块；日常训练，他像20多岁的年轻人一样卖力。今年年底将退休的一级消防长张保愿，在宝塔消防救援站一干就是30年。"老张，你这么拼命，图个啥？"总有人这样问，他的回答坚定有力，"做啥，都要认真到底。"

张保愿爱钻研、爱思考。当新兵时，有人开汽车，他挤上后座偷着看；有人修装备，他拿着工具蹲近看；炊事员做饭，他趴在窗户上凑着看。战斗员、班长、给养员、装备技师、司务长、特种车驾驶员……所有岗位他干了个遍，行行干过，样样都行。入队30年来，他先后培养出100多名业务技术骨干。

善谋打赢，好学强技是宝塔消防救援站指战员们的优良作风，结合当地实际情况，宝塔消防救援站因地制宜，探索出一个个巧妙好用的"金点子"：提出全水系泡沫作战方法，编写了理论教材，为同类地区灭火救援提供了"宝塔经验"；针对辖区内石化企业多的情况，收集废旧法兰等老旧设备，制作不规则破口，苦练堵漏排险技术……

"功夫在平时。要想在分秒必争的火场中赢得胜利，就必须练就过硬本领。"宝塔消防救援站站长孙帅征说。

竭诚奉献，走好群众路线

"我有一群消防员朋友，比我子女都亲嘞！"79岁的王世梓大爷，家住宝塔区柳林镇山中庄村，一提起宝塔消防救援站的队员们就高兴得合不拢嘴。

2021年，一次消防知识宣讲，让宝塔消防救援站的指战员们结识了王大爷。指战员们得知王大爷和老伴因患病行动不便，子女又常年在外打工，便在闲暇时上门干些力所能及的事。王大爷几乎记得他们每个人的名字，他对消防员贺牛牛说："别为了我，耽误你们工作啊。"贺牛牛笑着说："服务群众，就是我们的工作。"

宝塔消防救援站以张思德为榜样，始终牢记全心全意为人民服务的根本宗旨，与驻地人民鱼水情深、血脉相融。宝塔消防救援站有一支以党员骨干为队员的张思德消防服务队，战时是攻坚组、突击队，平时是服务队、宣传队。他们像一粒粒种子，在群众中扎下根。

消防员王星星参加张思德消防服务队已经3年了，有一件事让他感到欣慰与自豪。2022年，张思德消防志愿服务队与东方红特殊学校开展共建活动，王星星与两名听力障碍儿童分配到了一组。"看着他们天真的眼神和灿烂的笑容，心情很复杂，就想着能为他们做些什么。"王星星说。

王星星决定为两名孩子申请救助项目。翻遍助残政策，遍访慈善机构，他多次去孩子们家里拍照片、录视频、做记录，功夫不负有心人，两名孩子获得了国家听力语言康复研究中心听障儿童救助名额，免费植入人工耳蜗，接受听力康复训练。"孩子当面的一句'我能听见了'，我的眼泪瞬间涌出来。"王星星说。

　　义务植树、除冰铲雪、排涝清淤、扶贫帮困、送水救旱……宝塔消防救援站的指战员们始终在一线，他们做的一件件暖心事，受到了老区人民的称赞。长期以来，宝塔消防救援站累计捐资助学 21 人、捐款捐物价值 34 万元、义务献血 6 万余毫升、义务送水 5000 吨、助贫脱困 6 户。

（龚仕建、原韬雄《人民日报》2023 年 11 月 30 日第 4 版）

五名中国援外医疗队群体代表分享援外故事——

坚守医者仁心　造福当地人民

不畏艰苦，守护当地人民健康

第二十四批援几内亚中国医疗队队长暨国家埃博拉防控专家组组长、北京友谊医院副院长王振常回忆，医疗队 2014 年 8 月出发时，正是国际上埃博拉疫情最严峻的时刻。"能不能去、去了怎么办、去了风险有多大？经过国家卫生健康委和各级部门严格科学判断，医疗队按照国家卫生健康委统一要求和部署，按期出发。"王振常说。

"这个过程既害怕又担心，但是又有荣誉感和成就感。"王振常说。面对埃博拉疫情，医疗队没有一个人退缩，到达之后开展调研、分析，以及埃博拉防控具体援助点的工作。几内亚政府高度肯定整个医疗队和中国埃博拉防控组的工作，医疗队和防控组在援几内亚历史上第一次获得"几内亚共和国勋章"。

第四、七、八批吉林省援科威特中国医疗队队员、长春中医药大学附属医院主任医师刘春介绍，中医是中国援科威特医疗队的鲜明特色。1999 年至 2010 年间，她曾先后 3 次赴科威特参加援外医疗工作，援科威特 6 年间累计治疗患者 6000 余人。

"我最初到科威特的时候，当地人对针灸的认识还很少，人们对小小的银针能治疗疾病也表示怀疑。"刘春说。后来，医疗队通过开展针刺、拔罐、穴位贴敷等具有中医传统特色的治疗方式，向患者推广中医疗法，进而让他们了解中国文化。有些患者在治疗结束以后也成为医疗队的好朋友、"中医粉"，在他们的口口相传下，来中医诊所看病的人越来越多。

仁心仁术，服务好每一名患者

浙江省湖州市中医院护理部主任、主任护师朱惠芳先后两次参加援外医疗队，累计在我国政府援建的中非友谊医院和马里医院工作了三年半的时间。她被非洲当地的孩子们亲切地唤作"中国妈妈"。

一次，一名 16 岁的马里男孩在上学途中发生了车祸，导致颈椎损伤伴有脊髓损伤，原本喜欢中国武术和运动的他，只能躺在床上养伤，情绪也很低落。朱惠芳带着马方的护士一起给他清理伤口换药，之后的每一天都会在他的病床前多待一会儿，鼓励他树立康复信心。通过两个半月的精心照料，他的伤情好起来，心情也逐渐好转。

"有一次小男孩回医院复查，正好碰到媒体采访，他冲着镜头就说'这是我的中国妈妈'，直到现在我们还有联系，他已经成为马里的一名大学生了。"朱惠芳说，"当腼腆的非洲孩子们从陌生、害怕到熟悉，甚至依偎在我的怀中喊我'妈妈、妈妈'的时候，自己心里既感到欣慰，又油然而生一种责任感。"

第十批援埃塞俄比亚中国医疗队队员、河南安阳市人民医院心胸外科副主任医师梅学谦谈起父亲对自己的影响。梅学谦的父亲梅庚年是第一批援助埃塞俄比亚的医疗队队长兼党委书记，1975 年 8 月 11 日在埃塞俄比亚殉职，并安葬在埃塞俄比亚。"在非洲，父亲利用自己的专业特长救治了不少非洲患者，受到了当地政府和大使馆的赞扬和认可。"梅学谦说，"对我来说，我有一个完成他未竟事业的念头。作为医生，我也想到埃塞俄比亚为当地的群众服务。"

授人以渔，推动当地医疗技术发展

"要真正提高当地的医疗水平，'授人以鱼'更需要'授人以渔'。"第二、三、四批援多米尼克中国医疗队队员、广东中山大学附属第一医院心内科副主任医师吴德熙说。

在中多友谊医院，吴德熙开展了多次心血管相关讲座、临床教学查房和多学科病例讨论，示范和教授新技术，让当地的医生能够掌握新技术、知识和理念。同时，结合当地的情况推动当地学科建设，建立了首个心血管内科，推动了中多对口合作项目的落地，中多心血管影像学中心和中多远程医学中心正式启动。

"很多患者和家属和我成了很好的朋友，'国虽有界，医者无疆'，这段珍贵难忘的经历，让我对医生的职责和使命有了更深的体会，我将继续坚守医者初心，守护好人民的健康，在推动中多卫生领域的合作和交流中作出新的贡献。"吴德熙说。

王振常表示，第二十四批援几内亚中国医疗队在埃博拉疫情状态下，在医疗技术上同样开展了很多工作。比如，当地原本的神经外科手术是肉眼直视手术，经过各种培训以后实现了显微外科手术。"我们特别希望，通过我们的医疗技术服务受援国的老百姓，更希望为他们培养人才，留下技术。"

（杨彦帆《人民日报》2023 年 11 月 17 日第 7 版）

做忠诚卫士　护万家安宁

——记应急管理系统先进模范和消防忠诚卫士群体

面对困难 敢于亮剑

打硬仗、过险关，这就是应急管理系统先进模范和消防忠诚卫士的日常工作。

面对茫茫火海，总有人挺身而出。

2016 年 4 月 22 日，江苏靖江市德桥仓储有限公司突发火灾，5000 立方米汽油罐呼吸阀被引燃，烈焰卷起浓烟升腾数十米。南京市鼓楼区方家营消防救援站站长助理丁良浩回忆，赶到现场时，流淌火面积超过 2000 平方米，而且燃料还在不断泄漏。

紧要关头，丁良浩毅然领命，和 3 名队员顶着高温热辐射，蹚进齐腰深的沸水和泡沫液中摸索，成功关闭 3 个阀门，最近的一处阀门距火罐不到 5 米。归队后，丁良浩才发现，自己的救援头盔已烤变形，防火隔热服的边缘也已经烤焦。

抵御洪水灾害，总有人逆行出征。

参加工作 25 年，历经大小灾害救援 1.3 万余次，河南省郑州市消防救援支队副支队长兼灭火救援指挥部部长李隆始终在人民群众最需要的时候冲锋在前。

7月20日，极端暴雨突袭河南郑州。地铁五号线沙口路站向东300米处，列车被洪水逼停，乘客受困。危急之时，李隆率队赶到，消防指战员们在漫过肩膀的湍急洪水中搭建绳桥，将被困群众转至安全地带。此后，李隆又连续奋战95个小时，奔波在医院、小区、街道，参与营救被困群众上千人。

打通事故矿井，总有人临危受命。

今年1月的山东栖霞笏山金矿事故，是国内难度最大的矿山事故救援之一。1月12日凌晨得令，短短3小时，国家矿山应急救援大地特勘队43人集结完毕。现场情况极为复杂：工人被困600米井下，地层多为火成岩，硬度为最硬的12级！"必须确保成功打通巷道！"现场指挥部将这一艰巨任务交到大地特勘队手里。

"我们来！"大地特勘队专家仔细研判。"我们上！"副队长孙红波主动请缨站上钻机操作台。

1月17日13时56分，一股新鲜的空气涌进巷道。3号钻孔成功贯通！被困工人终于与地面取得联系。

恪尽职守　苦练本领

全国应急管理系统先进模范和消防忠诚卫士中的每一个人，都是队伍中的标兵和榜样。

他们刻苦训练，不断超越自我。

四川省森林消防总队特勤大队一中队队长助理侯正超，刚入伍时，身高1米7出头的他，5公里训练都跑不动。为练就过硬本领，侯正超制订了训练计划：每天提前一小时起床，操场跑10圈，练体能、练器械、练障碍……磨破一双双作训鞋、叠起一层层老茧后，侯正超 5 次夺得总队、支队尖子比武第一名。至今，他保持着特勤大队组建以来200 米综合体能竞技、组合练习等 4 个课目成绩最好纪录。

他们精研技法，持续提升战力。

兰海亮是应急管理部森林消防局大庆航空救援支队飞行大队大队长，作为支队第一代"创业人"，他先后 7 次赴黑龙江、内蒙古等地的国家重点林区遂行靠前驻防任务，参加 10 余次灭火实战。

兰海亮常说的一句话就是"让铁人精神进机舱"。改装培训他第一个报名，高难课目他第一个上机，实战任务他第一个起飞。飞行员们都说，海亮就是他们心中的"金头盔"。

他们日夜巡护，确保防微杜渐。

福建省福州市三坊七巷历史古文化街区被誉为"中国明清建筑博物馆"，这里有古民居约 270 座。但连片木质建筑密度大、耐火等级低，一旦发生火灾，后果不堪设想。

福州市鼓楼区三坊七巷消防救援站当好"古厝守夜人"，实现三坊七巷古建筑群连续 8 年"零火灾"、30 年无重大火情。防火重于泰山。消防救援站全体指战员日夜坚守，每天按不同路线巡查，并设置了 5 个微型消防站，每隔 60 米配备一个消防栓，还创新灭火救援"123"快速反应机制，经过反复演练，灭火能力显著提升。

英勇奋斗　不畏牺牲

灾害无情，英雄有义。全国应急管理系统先进模范和消防忠诚卫士，每个人都为维护人民生命财产安全、维护社会稳定而无私奉献，有些人献出了宝贵的生命。

2020年7月，安徽省合肥市庐江县遭遇特大洪灾，河流湖泊水位均超历史峰值。

汛情就是命令，时任庐江县消防救援大队党委书记、政治教导员的陈陆，带领指战员闻令即动、向险逆行，将鲜艳的党旗牢牢插在抗洪抢险前沿阵地。7月22日，庐江县同大镇石大圩突发溃口，约6500人被洪水围困。此时，陈陆双腿已泡得通红，膝盖肿得像馒头一样。"稍微休息一下吧！"战友们劝他。"那么多人等着救，咱大队人少，我必须去！"陈陆一口回绝。

成功营救两名群众后，大队长方锐再次劝陈陆轮换，他说着"这片水域我熟，还是我打头"，毅然跳上首艇。突然几声巨响，溃口越撕越大，附近水位落差瞬时陡增，形成3米多高的"滚水坝"！

"掉头，快掉头！"危急关头，陈陆大声呼喊。跟随陈陆的4艘橡皮艇及时躲避，可他自己却猛然被卷入"滚水坝"的漩涡洪流中。当搜救人员找到陈陆时，他年轻而宝贵的生命永远定格在了36岁。

在看得见"敌人"的抗洪战场，陈陆用生命护卫生命，成功救出2600多名群众。在看不见"敌人"的新冠疫情阻击战中，天津滨海新区政协原副主席、区应急管理局原局长单玉厚，以超常的意志为疫情防控争取宝贵时间。

去年春节期间，驶向天津港的邮轮"歌诗达赛琳娜"号上，有人出现发热症状，船上有3700多名游客和1100名船员。单玉厚紧急赴命，承担起调派直升机运送检测样本的任务。

此后，他又临危受命，担任滨海新区防控工作领导小组物资保障组副指挥长。当时防疫物资十分紧缺，他一家家找企业、问机构，紧急协调采购物资。尽管心脏放过 2 个支架，但单玉厚顾不上已达身体极限的疲倦，天天连轴转，经常凌晨 3 点还在办公。

2020 年 2 月 21 日，单玉厚去世前的最后一天，他仍然从早忙到晚。22 日凌晨，因劳累过度，单玉厚不幸牺牲。

沧海横流，方显英雄本色！这些英雄的名字，永远值得铭记。他们只是全国众多奋战在一线的"应急人"的缩影，正是有这些"逆行者""守护者"，人民生活才更加岁月静好、平安祥和。

（邱超奕 《人民日报》2021 年 11 月 7 日第 4 版）

播种信念的人

这是他第 1574 次讲座。

他慢慢走上讲台，双手微微撑住讲桌，桌上没有讲稿。他清癯的面庞略带病容，声音洪亮，吐字清晰，抑扬顿挫，丝毫不像一位已经83 岁的老人。

2023 年 6 月 2 日下午，天津师范大学教师思政大课堂，他为 2022 年入职的年轻老师讲党课——"矢志追求更有品位的人生"。

他叫王辅成，是"新中国最美奋斗者"，也是一名有着 50 年党龄的老党员。

两个小时的讲座，他一如既往站着讲、脱稿讲、不计报酬讲。这是从 29 年前第一次讲座开始，他给自己定下的规矩。两年前他做过手术，眼下身体仍在恢复期，这次讲座学校为他备了轮椅，他摆手拒绝："我会一直站着讲下去，直到我讲不动了为止。"

多年来，王辅成全情投入、倾情奔走，将青少年如何树立正确世界观、人生观、价值观等主题，化作精彩的宣讲，把信念的种子播撒到一个个倾听者的心田……

一

清晨 5 点钟，83 岁的王辅成已开始每天的"晨诵"。王辅成的"晨诵"不是机械地背诵，500 多字的《黄州快哉亭记》，他吟诵起来行云流水、感情充沛。年轻时，他就养成了背诵名篇的习惯，半个多世纪坚持不懈。

在天津师专中文系上学时，王辅成的日历上不变地写着两个字——读书。1963 年从天津师专毕业后，王辅成成为一名中学语文老师。学生们都喜欢博学多才的王老师。他也沉醉于讲课之中，每次站在讲台上都旁征博引、激情澎湃。

"读书"是王辅成坚持了一辈子的习惯。多少个夜晚，台灯下，是他孜孜求索的身影。他搜集着那些鲜活的事例和精彩的文章，然后记在本子上和大脑里。本子上，密密麻麻的文字、遍布的符号标记，记录着他的勤奋与深思。到今天，王辅成每天都要读书看报五六个小时。

在王辅成的一生中，有两个人对他的影响很大。一位是雷锋。王辅成是雷锋的同龄人。雷锋牺牲之后，全国掀起"向雷锋同志学习"的热潮。那时，王辅成就下定决心，要像雷锋那样，自己活着，就是为了使别人过得更美好。

另一位是"中国的保尔·柯察金"吴运铎。1982 年，作为天津市劳动模范，王辅成在北京人民大会堂参加了全国劳动模范和先进人物座谈会。正是在这次会上，他遇到了吴运铎，并得到了吴老"把一切献给党——王辅成同志共勉"的珍贵签名。从此，"把一切献给党"这简短而不简单的 6 个字，成为王辅成的人生准则与崇高追求。

二

1994 年，当时已在天津市环卫局工作的王辅成，被调到天津市教育学院（后合并到天津师范大学）工作，任副局级巡视员。这一年，他 54 岁。

重回校园，这一次王辅成面对的是中小学老师。自己应该怎样与他们交流呢？走进校园的第一天，王辅成就开始思考这个问题。

经学校研究决定，王辅成为参加培训的学员们讲授教师职业道德等课程。

像一位刚刚走上教师岗位的新人一样，王辅成仔细翻阅着自己的剪报册，找资料，翻书本，写讲义。

第一课，就讲师德。他特意给这堂课起了一个诗意的题目——"思考在远航的帆影下"。

走进教室，眼前的年轻面孔让王辅成感慨。他在心底对自己说，必须要持之以恒地读书、学习，经常与学生交流，否则就会落后于时代，跟不上年轻人的思维。

站在讲台前的王辅成很镇定。他站姿挺拔，嗓音洪亮，他有那么多话要对这些年轻人说。

第一堂课上，他由当时的教育现象，引申到教师本身的素养，还与学员们分享自己的读书、学习体会。一堂课结束，他意犹未尽，学生也意犹未尽，他们忽然发现，原以为枯燥的课程竟然被王老师讲得那么有趣，生动之余引人思考，深刻之中启人智慧。

大家纷纷点赞王辅成的课——实例丰富，语言通俗，富有激情。

王辅成的课渐渐成了"明星课"。随着讲课次数不断增加，他的讲课内容从单纯的师德层面提升到如何正确树立"三观"、做一个大写的"人"。他将"三观"的具体内容、培养途径、重要意义等内容设计为四大主题56学时的教学大纲，根据不同听课对象、不同需要推出不同组合。

从此，王辅成踏上了"三观"宣讲之路。通读多遍的理论著作，为他的讲课奠定了坚实的理论基础；反复吟诵的中华传统经典，为他提供了充足的文学养分；19 年中学老师的历练，让他在讲台上应付自如……

三

2001 年 10 月，王辅成从天津师范大学正式退休。退休后的他仍像从前那样忙碌。桌上的日历依旧密密麻麻，他奔走在宣讲"三观"的路上。

南开大学、天津大学、天津医科大学、天津商业大学、天津工业大学等高校的讲堂上，常常能见到他挺拔的身影、听到他铿锵的声音，他的宣讲给很多大学生留下了深刻的印象。

渐渐地，王辅成的宣讲声名远播，他的脚步也从天津延伸到北京、河北、河南、山西等省市。

王辅成相信，正能量的种子就是这样一颗颗播种下去的，只要用心耕种、辛勤浇灌，这些种子一定会发芽、长大、结果。

2006 年 5 月，应河南省安阳二中之邀，王辅成为学生们宣讲"学生时代如何树立理想信念"。5000 名学生有序地在操场集合、整齐列队。在操场上，王辅成举着麦克风站着讲了两个小时。温暖的午后，阳光照耀着他，也照耀着孩子们。他和孩子们谈理想，说信念，讲人生，论价值，探讨人活着的意义……5000 人的露天讲座，连同他的激情与学生们的共鸣，就这样深深地刻进了学生们的记忆里。

2007 年 5 月，一年之后，安阳二中再次邀请王辅成为全校几千名师生做讲座。再次受邀，王辅成十分高兴。还是畅谈"三观"，还是阳光下的那个操场。第一句话还未出口，王辅成的眼睛已经湿润，他感动不已，为自己有机会站在这个讲台上而无比骄傲。

　　王辅成的宣讲语言，通俗易懂，便于记忆，又十分精辟。这些话语，有的是他引用的，有的是他化用的，有的是他原创的，不管哪一种，都是从王辅成的思想深处喷薄而出。特别是当他流畅地、一字不差地背诵长长的经典原文时，会场上总会响起掌声，那是听众发自内心的敬佩。而每当他看着听众入神的表情，心底就会涌起甜蜜的成就感。

四

　　在王辅成的身上似乎有这样一种能量，可以无声地影响人，有力地鼓舞人。

　　2010年10月的一天，应天津大学之邀，王辅成为机械工程学院100多名入党积极分子讲党课。

　　坐在听众席的工业设计专业大二学生高一歌记得，站在讲台上的王辅成，一开口便与众不同——声音洪亮，双眼有神，充满激情。

　　时至今日，高一歌还记得那天王老师宣讲的题目是"当代大学生应该自觉牢固地树立正确的'三观'"。他没有板书和课件，就一直站在讲台上讲，讲得平实生动，句句说到人的心里。高一歌的思绪被深深吸引，听到动情之处，泪水忍不住在眼中打转。

　　这堂党课，同学们都沉浸其中，思想的火花随着王辅成的讲演而绽放……

　　2011年5月，高一歌参加入党宣誓，脑海中又闪现出听王辅成讲党课的情景。她在心里对自己和王老师说："我一定会走好人生之路。"硕士毕业回到家乡，她与王辅成一样成为一名教师。今天，已是家乡一所高校老师的高一歌，经常在班会上和学生们讨论"三观"话题，引导学生成为弘扬正能量、有责任感的人。

2017 年 10 月 15 日下午 1 点 50 分，天津大学马克思主义学院中共党史专业在读研究生龙凌云早早坐在报告厅里，等待学校为新当选的学生党支部书记举办的讲座开始。

龙凌云是贵州毕节人，是他们村里的第一个大学生和研究生。大学期间，他入了党，大四那年，他圆了从军梦。他以优秀士兵身份退役后，考入天津大学读研。

1 点 57 分，主讲人王辅成站到讲台上。大屏幕上显示着演讲主题——"活着树一面旗帜，倒下铸一座丰碑"。

2 点整，王辅成准时开讲。"同学们，我是王辅成。我想先问大家一个问题，作为一名共产党员，首先要回答好人生的一道必答题，人活着为了什么？"

沉默片刻，同学们纷纷说出答案。

"非常好，谢谢同学们的答案……"

那一次讲座，龙凌云久久难忘。下课后，他走到王辅成面前："王老师，我喜欢听您的课，我现在在天津大学马克思主义学院读研，希望您今后多多指导我。"

从此，只要有时间，龙凌云就会追随王辅成的脚步，聆听他在其他高校的讲座。在这样的熏陶下，龙凌云郑重决定，硕士毕业后，要做一个脚踏实地的小分子，投身到国家的大事业里。2020 年 8 月，他在黑龙江省哈尔滨市巴彦县冬青村驻村；2023 年 6 月，他主动申请到乡镇工作，为黑龙江的乡村振兴再添一份力。

时代在发展，社会在进步，理论在提升，王辅成讲稿的内容也在不断变化。讲台上的王辅成喜欢与学生互动，同学们也喜欢向王老师提问。通过这些提问，王辅成及时了解当代大学生的思想状况，不断补充素材、调整视角，用更有说服力也更符合大学生接受心理的案例和解释，化解他们思想上的困惑。

五

不光是宣讲，在生活中王辅成也时时处处为青少年做榜样。每月他只给自己留几百元零花钱，钱攒到一定数额，就找机会捐出去。他从不吝啬自己的爱心，也不愿意被捐助人知道自己的存在。

多年来，王辅成把劳模补贴、各种奖励和自己每月的大部分零花钱，都用于助弱帮残，至今已经捐款 50 余万元。

几十年来，王辅成的身份、地位、角色在变化，但始终不变的，是他传播信念的初心和行动。从 1994 年宣讲至今，29 年间，他从年近花甲讲到岁至耄耋。他将信念从大学播种到中小学，将感悟从机关辐射到企业，将正气从城市传递到乡村。1500 多场的义务宣讲，50 万听众的思想共鸣，彰显着一位教育工作者的情怀，书写着一位共产党员的执着，大写着"最美奋斗者"的情操。

只要时间允许，他对所有宣讲邀请都不拒绝。站在讲台上的那一刻，他仿佛在履行一项使命。他不止一次说，我要用尽全部心力让自己的这抹夕阳红染到更多更远的地方。

2019 年，王辅成与他心目中的英雄雷锋、吴运铎的名字，同时出现在"新中国最美奋斗者"名单中。他知道，这是让他将传播信念、传承精神、传递爱心的接力棒接过来，执着地走下去。

（谢沁立 《人民日报》2023 年 8 月 28 日第 20 版）

96 岁重庆儿童保健专家郑惠连——

"孩子们都健康，国家就更有希望"

见郑惠连老人一面，并不容易……

这位 96 岁的儿童保健专家，把每天的行程安排得满满当当：为儿童义诊，给大家讲课，学习最新医疗知识……"请坐。"在郑惠连的办公室里，见记者到来，她放下手中的书，起身握手，温暖而有力。

2022 年是郑惠连来重庆的第六十六个年头。1956 年，她和 400 多名师生一起，从上海来到重庆，从此扎根西南，参与创建重庆医科大学附属儿童医院，一辈子和儿童打交道，成为一名快乐的行医者。

"做儿科医生，除了要有医术，还要懂得更多"

郑惠连出生在战火纷飞的年代，"眼睁睁看着许多身边人，尤其是孩子，因为缺医少药而失去生命……"回忆往事，郑惠连眉头紧锁，自家的 3 个姊妹兄弟幼时也因病去世。

从那时起，学医的念头，成了郑惠连心中不停燃烧的火苗……

抱着这个信念，1944 年，郑惠连考入国立上海医学院（复旦大学上海医学院前身）。毕业后，她来到上海第一医学院附属儿科医院工作，开启了儿科医生生涯。

"祖国号召广大青年支援西南，你愿意去重庆支援建设儿科医院吗？"1955年，一道选择题摆在了郑惠连面前：留下，可以在自己熟悉的地方安心工作生活；西迁，可以支援西南医疗体系建设，保障更多孩子的健康。郑惠连没有犹豫："1956年初，记得是大年初三，我来到了重庆。"

刚到重庆时，郑惠连很不适应——听不懂的方言，不好走的坡坎路，以及饮食习惯不同……"从两路口走到观音岩，要爬200多级台阶。"脚上磨起血泡，就脱了鞋光着脚继续走。这些她都不在乎，一心只想着儿童医院建设的事儿。

彼时的儿童医院尚是一张白纸，怎么建？作为筹备组里唯一的医生，郑惠连想，虽然可以借鉴上海的经验，"但不能照搬，也远远不够"。为此，她拜访了当地各大医院的儿科。做调研、问流程、学规则，从病床尺寸、医疗器械，到医生处方笺、护士体温单……郑惠连关心的，不仅是有关医疗的事务，医院的整体建设，郑惠连也仔细询问，生怕漏了一点半点。

半年后，重庆医学院附属儿童医院开诊，病人涌进医院。作为医院唯一的主治医师，郑惠连忙得团团转。"做儿科医生，除了要有医术，还要懂得更多。"虽然忙，郑惠连还是抽出时间，针对儿科创立了辅餐制、预诊制，儿童医院的制度规范逐步建立……

"我们面对的是儿童，必须要高度负责"

一次走在路上，不远处的墙角，蹲着一个瘦弱的小姑娘。郑惠连看到了，心里直犯嘀咕："是不是身体不舒服呀？"看到小姑娘的父亲在旁边，郑惠连忙赶过去，进行了自我介绍，也说了自己心中的疑虑……

这时，小姑娘的父亲一下子抓住郑惠连的胳膊："看了好多医生，都不知道是啥病，能帮帮我吗？"通过仔细检查，确定小姑娘是甲状腺功能低下患儿。多亏了及时治疗，小女孩逐渐康复，如今已长大成人，过上普通人的生活。

这个小姑娘，只是郑惠连治疗过的众多孩子中的一个。时间长了，郑惠连想："孩子的病，怎么都看不完。"

"要把更多功夫下在预防阶段。"到了上世纪70年代末，"儿童保健"的概念进入郑惠连的视野。当时，儿童保健在全国尚处于起步阶段，没有可借鉴的经验。郑惠连带领团队，组建了儿童保健教研室，这一干，又是几十年。

为了尽快填补儿童保健领域的空白，郑惠连阅读了大量医学书籍和文献，并从临床中逐渐积累经验。原卫生部（现国家卫健委）全国高等学校规划教材《儿童保健学》第一版，便是郑惠连牵头组织编辑的。

每次为儿童检查，她都把手搓热了再触诊，学生们也学着郑教授，手里常常揣个暖水袋；有的父母缺乏儿童保健常识，郑惠连比父母都着急，可一转头，又会耐心地给他们讲注意事项……"我们面对的是儿童，必须要高度负责，不仅要技术过硬，态度更要好。"

在别人看来，儿童保健工作十分繁琐，怎么喂养，如何做好营养均衡，如何养成好的性格……可在郑惠连眼里，这是让孩子一辈子都受益的事，无论多么琐碎，都很值得。

"我愿意做一辈子快乐的行医者"

年近花甲之时，郑惠连又有了新任务。

上世纪80年代，郑惠连先后4次率领团队出国考察。英语过硬的她，每天晚上为中国学员"补课"，翻译当天的学习课程再分享给大家。社区儿保、伤残儿童管理、世界妇幼工作动态……回国后，郑惠连更加明确了儿童保健的研究方向，也推出了更多在业界有影响力的成果。

退休后的她，又把义诊搬到了山区。从市里出发，坐车6小时，城口县下车；在这个位于大巴山深处的小县城，郑惠连连续坐诊一个月，手把手教当地医生做儿童保健："看一个孩子要40分钟，给家长讲又要一个小时，做儿科医生，要有十足的耐心。"

义诊，讲座，会议……郑惠连一直没有闲下来，即便90岁高龄，她也不停歇。每次做讲座用到的PPT，郑惠连都要自己在电脑前琢磨好久。

现在，闲不下来的她，开通了线上问诊。

"郑教授，孩子6个月大了，坐不稳怎么办？"

"郑教授，宝宝一岁多，不愿意洗头怎么办？"

很多年轻人都没有育儿经验，"问题再简单，也要耐心解答。"郑惠连每天都按时上网，给网友们支招，"能够将毕生所学，传授给年轻父母，帮他们养个健康快乐的宝贝，其乐无穷！"

2012年，从事儿科医疗保健、教学和科研工作半个多世纪的郑惠连荣获"全国儿童保健医师终身成就奖"。

"孩子们都健康，国家就更有希望。"郑惠连说，在她接诊的孩子中，有的已为人母，现在又带着自己的孩子来找她做儿童保健，这让她感到欣慰，"我愿意做一辈子快乐的行医者"。

（常碧罗《人民日报》2022年1月7日第6版）

上海市杨浦高级中学名誉校长于漪——

"让生命与使命同行"

9月8日下午，上海浦东新区竹园小学。92岁的于漪腰背笔挺、声音洪亮，她在为浦东新区基础教育工作者讲课，一讲就是45分钟……

躬耕教学事业70载，她这样理解当老师："教师一个肩膀挑着学生的现在，一个肩膀挑着国家的未来。我22岁大学毕业出来做教师，至今不敢有丝毫懈怠。"

于漪，我国语文特级教师、全国教书育人楷模、"改革先锋"、"人民教育家"、"最美奋斗者"。面对赞誉，她说："我只是克勤克俭做了一些工作，说到底就是坚守了一个新中国教师的本分。"

"每天早上走一刻钟的路，我就在脑子里'过电影'"

1951年，于漪毕业于复旦大学教育系，最初教历史，后来转岗教语文。开始的语文课并不成功。听于漪讲罢课文《普通劳动者》，坐在后排听课的组长徐老师有些失望："你虽然在教学上有许多优点，不过语文教学的大门在哪里，你还不知道呢。"

"b、p、m、f不认识，汉语语法没学过"，语文教学的大门在哪里？于漪不服输，"那时候，我每晚9点前工作，9点后学习，两三年下来，把中学语文教师该具备的语法、修辞、逻辑知识，该具备的文、史、哲知识，该了解的中外名家名著过了一遍。"

为了摸索教学的门道，于漪常站在窗户外"偷师"别的老师。"我开始尝到庖丁解牛的滋味"，备课时，她把要说的每句话都写下来，然后像改作文一样修改，之后再背下来、口语化。"每天早上走一刻钟的路，我就在脑子里'过电影'，这堂课怎么开头、怎么铺展开来、怎样形成高潮、怎样结尾。"从宿舍到学校的路上，于漪不知多少次边走边琢磨。

靠下苦功夫，"不入门"的于漪成为行家里手。1977年，电视里直播了一堂于漪执教的语文课《海燕》，人们争睹她上课的风采，成为一时热议话题。也是那一年，于漪带教的两个原本底子薄弱的毕业班，创造了整班考取大学的成绩。

"我不断地反思，一辈子上的课有多少是教到学生心中的"

1985年，于漪被任命为上海市第二师范学校校长。那时，老师们出勤稀稀拉拉，有的学生涂脂抹粉，甚至赌博、酗酒也时有发生……师范学校，培养的是未来的老师啊！于漪大刀阔斧，实施了一系列在当时十分引人注目的举措：教师实行坐班制，学生剪长发、穿校服，全校开展"什么是当代师范生真正的美"专题讨论。

"那时穿校服是件新鲜事，女生们都很抵触。于校长知道后，就鼓励我们学生参与设计、决策校服款式。"上海市杨浦区教育工作党委副书记、教育局局长卜健笑着回忆。

教师、师范生"两代师表一起抓"！学校风气渐渐变了，"一身正气，为人师表"成为全校共识。后来，上海市第二师范学校一跃成为上海乃至全国的龙头学校。

"我不断地反思，一辈子上的课有多少是教到学生心中的。"于漪一字一句地说。这些年来，作为班主任，她将"差班乱班"带成了先进集体；作为校长，她使名不见经传的学校成为全国先进；作为导师，她培养了一批全国知名的教学能手。

"我甘愿做一块铺路石，让中青年老师'踏'过去"

"教育质量说到底是教师质量。再忙再累，不能忘记自身的修为。"今年教师节前夕，面对台下的年轻教师，于漪谆谆善诱。这位鲐背之年的老人讲课全程脱稿、思路清晰，工作人员放在她背后的靠垫完全没派上用场。

不但给学生当老师，自上世纪80年代开始，于漪就给老师当老师。"我甘愿做一块铺路石，让中青年老师'踏'过去。"于漪首创了师徒"带教"方法——师傅带徒弟、教研组集体培养、组长负责制，通过研学一体化促进教师成长。

做"大先生"！于漪总是这样勉励年轻的老师们："什么是教师？教师就是给学生点亮人生明灯的，自己首先要心中有太阳，努力成为一个大写的人。"她这样理解"大"："中国人造字妙不可言。'大'就是一个人张开双臂拥抱祖国、拥抱人民、拥抱世界，做'大先生'就要有这样的气派、这样的格局。"

于漪有一句名言："让生命与使命同行。"累吗？于漪说："当我把生命和国家命运、人民幸福联系在一起时，我就觉得我永远是有力量的，仍然跟年轻人一样有壮志豪情！"

（张烁 《人民日报》2021 年 9 月 15 日第 6 版）

研习中医孜孜不倦、经常组织下乡义诊，唐祖宣——

心头最重是患者

"你是想当有扎实中医理论基础、学术上有突破、能造福患者的'大医生'，还是背背'汤头歌'、学点药性、混口饭吃的'小医生'？"

"我要当'大医生'！"

60 多年过去，唐祖宣依然记得当年和师父周连三的对话，"我能学医很不容易，当年立下的志向更不能忘！"

牢记从医志向

唐祖宣从小生活艰苦，摆摊卖水、拾柴火，小学毕业就走向社会的他，啥苦活累活都干。1958 年到邓县（今邓州市）街道印刷厂当体力工的时候，他才 16 岁。

做事勤快、乐于助人，生活的艰辛并没有使他消沉，反而让他更"有心"。隔壁诊所缺人手，他常跑去帮忙打扫卫生。一来二去，诊所医生收下他做了药房调剂师。"学医"的机会来了，唐祖宣格外珍惜——经常晚上住在诊所，边值班边啃医书。"那时候想的只是学个'技术'，能填饱肚子。"

后来，诊所合并到邓县城关卫生院。孤身一人、生活不便的河南省名老中医周连三忙于坐诊，唐祖宣主动帮他铺床、叠被、洗衣、送饭。时间一长，唐祖宣的关心感动了老中医，周连三收他为徒。在师父指导下，唐祖宣有了要做"大医生"的志向。

"大医生"怎么做？勤奋。厚厚的《伤寒论》和《金匮要略》，近400个药方，唐祖宣一个一个地抄诵、默记，以至烂熟于心，到今天仍能随口背来。之后，无论治病救人还是科研攻关，唐祖宣都牢记"做大医生"的志向，几十年如一日，初衷不改、孜孜不倦。

从"打扫卫生"到做"大医生"，唐祖宣成果丰硕——创新运用温阳法治疗心脑血管病；研制出治疗血栓病的中药新药，至今仍在临床上使用。他先后被评为"全国卫生文明先进工作者"、"中青年有突出贡献专家"、全国先进工作者。

义诊惠及农民

"气血不足，需要补气血。"一番问诊把脉后，唐祖宣略略思索，写下药方交给病人，字迹颇为工整。

忙碌一上午，80岁的唐祖宣已有些疲惫，吃饭途中却依然放下碗筷，去接待外地来的陌生病人。"现在事情太多，只能抽空给人看病。但我有两条规矩，第一，病人最重要，只要患者来访，首先看病；第二，治病最要紧，不管有钱没钱，都要给人家药吃。"

1973年，邓县城关镇居民牛德聚患了"脱疽"，唐祖宣义诊时发现他的一条腿已烂得露骨头，立即给他免费治疗，还发动大家捐款。治好了病的牛德聚十分感激，要把家里仅有的一头奶羊送给他。"你把羊牵回去吧，心意我领了。你保住了腿，有个好身体，比送我啥都强！"唐祖宣说。

苦孩子出身的唐祖宣对贫苦农民格外有感情。过去，偏远乡村缺医少药，村民小病不去看、大病看不起的情况，刺痛了他的心。唐祖宣开始自发前往农村义诊。1988 年，他担任邓县中医院院长后，中医院派出义诊小分队去偏远乡村送医送药成为常态，经常周末、节假日，五六个医护人员、一辆医疗车，带上心电图机、B 超机、血压器、常用药等就往村里跑。

"医院自带设备桌椅，吃饭自理，来多少病人就看多少，走时还把垃圾收拾得干干净净，不容易啊！"村民们很感动，也很受用。30 多年来，邓州市中医院下乡义诊近千次，惠及农民达 80 万人次，免费送药价值达 100 多万元。

始终关爱患者

唐祖宣对待患者的关爱始终如一，并没有因身份的变化而改变。

2013 年，唐祖宣准备坐车进京参加活动。拉开车门的那一刻，"嘀嘀嘀"，手机响起，一位来自贫困乡村的患者辗转几十里找来，要他看病。唐祖宣二话不说，转身回去为患者把脉问诊，亲自脱下患者鞋袜查看病情。工作人员提醒他车要开了，他却说："车误了，可以坐下一趟。看病耽误了，就会影响病人健康，误不得呀！"他硬是坚持把病看完才走。

2020 年初，面对新冠疫情，唐祖宣组织邓州市中医院职工熬出中药，以最快速度送到医护人员和隔离人员手上，帮助他们增强免疫力。

如今，耄耋之年的唐祖宣，将主要精力放在了培养徒弟和著书立说上。唐祖宣说："是党培养我成为一名中医工作者，我现在年事已高，希望能通过著书，将多年积累的经验传递下去。我现在主要工作除了给病人看病，就是带着徒弟们不断总结实践经验，去年出了30部著作，最终要出到200部。"

据介绍，唐祖宣组建了专门的学术研究室，同时也一直在招收、培养国内外徒弟，好把技艺传承下去。

"作为'国医大师'，唐祖宣有心、有情也有义。"一位相识多年的朋友这样评价唐祖宣。

（毕京津 《人民日报》2022年1月17日第13版）